पाश

पाश का जन्म 9 सितम्बर, 1950 को गाँव तलवंडी सलेम, ज़िला जालन्धर, पंजाब में हुआ। उनका पूरा नाम अवतार सिंह संधू था। हायर सेकेंडरी के बाद प्राइवेट से बी.ए. किया। पहली कविता 15 वर्ष की आयु में लिखी। पहली बार 1967 में कविता प्रकाशित हुई।

उन्होंने 'सिआड़' (1972-73), 'हेम ज्योति' (1974-75) और हस्तलिखित 'हाक' (1982) नामक पत्रिकाओं का सम्पादन किया। 1985 में अमेरिका चले गए। वहाँ 'एंटी-47' (1986-88) का सम्पादन करते हुए ख़ालिस्तानी आन्दोलन के विरुद्ध सशक्त प्रचार-अभियान से जुड़े। 1967 में सी.पी.आई. से जुड़े और 1969 में नक्सलवादी राजनीति से। 1988 में कुछ दिनों के लिए घर आए और (अमेरिका वापसी से दो दिन पहले) गाँव में ही अपने एक अभिन्न मित्र हंसराज के साथ ख़ालिस्तानी आतंकवादियों की गोलियों के शिकार हुए।

उनके प्रकाशित कविता-संग्रह हैं—'लौह कथा', 'उड्डदे बाजाँ मगर', 'साडे समियाँ विच', 'लड़ांगे साथी'। हिन्दी में अनूदित उनकी किताबें हैं—'बीच का रास्ता नहीं होता', 'समय ओ भाई समय'।

निधन : 23 मार्च, 1988

बीच का रास्ता नहीं होता

पाश

प्रस्तावना
नामवर सिंह

संपादन-अनुवाद
चमनलाल

राजकमल पेपरबैक्स

पहला पुस्तकालय संस्करण
राजकमल प्रकाशन प्राइवेट लिमिटेड द्वारा
1989 में प्रकाशित

राजकमल पेपरबैक्स में
पहला संस्करण : 2023
दूसरा संस्करण : 2024

राजकमल पेपरबैक्स : उत्कृष्ट साहित्य के जनसुलभ संस्करण

राजकमल प्रकाशन प्रा.लि.
1-बी, नेताजी सुभाष मार्ग, दरियागंज
नई दिल्ली-110 002
द्वारा प्रकाशित

शाखाएँ : अशोक राजपथ, साइंस कॉलेज के सामने, पटना-800 006
पहली मंजिल, दरबारी बिल्डिंग, महात्मा गांधी मार्ग, प्रयागराज-211 001
1, अनमोल सोराबजी संतुक लेन, धोबी तलाव, मरीन लाइंस, मुम्बई-400 002

वेबसाइट : www.rajkamalprakashan.com
ई-मेल : info@rajkamalprakashan.com

बी.के. ऑफसेट
नवीन शाहदरा, दिल्ली-110 032
द्वारा मुद्रित

मूल्य : ₹ 299

BEECH KA RASTA NAHIN HOTA
Selected Poems of Pash
Edited and Translated from Punjabi by Dr. Chaman Lal

ISBN : 978-81-19028-84-9

पंजाबी का लोर्का

स्पेन के जनकवि लोर्का की हत्या के बारे में कहा जाता है कि जब उसकी अमर कविता 'एक बुलफाइटर की मौत पर शोकगीत' का टेप जनरल फ्रैंको को सुनाया गया तो जनरल ने आदेश दिया था कि यह आवाज़ बंद होनी चाहिए। यह घटना लगभग पचास साल पहले की है। कविता पर—फिर वह शोकगीत ही क्यों न हो, फासिस्ट प्रतिक्रिया! पाश के रूप में पंजाब को भी एक लोर्का मिला था जिसकी आवाज़ ख़ालिस्तानी जुनून ने बंद कर दी और वह भी संयोग से उस समय सैंतीस साल का ही जवान था, लोर्का की तरह। क्या पाश के हत्यारों ने भी लोर्का की कोई कविता पढ़ी थी? खासतौर से वह कविता जिसका शीर्षक है 'धर्म दीक्षा के लिए विनयपत्र', जिसमें एक माँ धर्मगुरु से प्रार्थना के स्वर में कहती है:

मेरा एक ही बेटा है धर्म गुरु
मर्द बेचारा सिर पर नहीं रहा!

यह धर्मभीरु माँ स्पष्ट शब्दों में स्वीकार करती है "किसी भी उम्र में तेरी तलवार से मैं कम ही सुंदर रही हूँ" और शपथ लेती है कि "मै तेरी आस्तिक गोली की पूजा करूँगी" और प्रार्थना इस तरह स्वीकार होती है कि वह "आस्तिक गोली" बेटे को जल्द ही स्वर्ग भेज देती है! फासिज़्म के पास हर चीज का जवाब सिर्फ एक है—गोली! वह चीज़ शोकगीत हो या प्रार्थना!

इस संदर्भ में उर्दू का वह प्रसिद्ध शेर और भी अर्थपूर्ण हो उठता है—

फूल की पत्ती से कट सकता है हीरे का जिगर
मर्दे-नादाँ पर कलामे-नर्मो-नाज़ुक बेअसर!

लेकिन हत्यारे 'मर्दे-नादाँ' नहीं होते और उनके जिगर भी शायद हीरे से ज्यादा सख़्त होते हैं।

इन हत्यारों से कम सख़्त तो पुलीस के वे सिपाही थे जिनको संबोधित करते हुए पाश ने किसी समय एक लंबी कविता लिखी थी, जिसमें वह कहता है कि—

हम अब खतरा हैं सिर्फ उनके लिए
जिन्हें दुनिया में बस खतरा-ही-खतरा है

और "गीतों जैसे जीवन का बेताब आशिक" अंत में पूछता है—

अरे पुलिसिए बता, मैं तुझे भी
इतना खतरनाक दीखता हूँ?

पाश खतरनाक कवि तो था। बार-बार जेल और पुलीस की यातनाएँ प्रमाण है। लेकिन इतना ख़तरनाक नहीं कि उसकी आवाज़ हमेशा के लिए बंद कर दी जाए! सरकार के साथ इस 'लुका-छिपी' के खेल में "गीतों जैसे जीवन के बेताब आशिक" ने किसी तरह अठारह साल का समय छीन ही लिया। इन अठारह वर्षों में इतमीनान से कविता 'रचने' के कुछ पल शायद ही कभी मिले हों; फिर भी पाश ने लगभग सवा-सौ कविताएँ लिखीं जिनमें ऐसी कविताएँ काफी हैं जो पंजाबी तो क्या समूची भारतीय कविता के इतिहास में निर्विवाद रूप से सुनहरे पन्नों में दर्ज रहेंगी।

इस खतरनाक समझे जाने वाले कवि को अपनी नियति का पूरा-पूरा एहसास था, तभी तो 'कलाम मिर्जा' शीर्षक कविता में उसने पहले ही यह लिख रखा था :" और सुना है मेरा कत्ल भी इतिहास के आने वाले पन्ने पर अंकित है।" उसे यह भी पता था कि " अपने तो सिर्फ गीत हैं। समय अपना नहीं है।" गीतों की ताकत के बारे में उसे कोई मुग़ालता न था। मजबूरी की घड़ियों में उसने यह भी सोचा—

कविता बहुत ही शक्तिहीन हो गई है
जबकि हथियारों के नाखून बुरी तरह बढ़ आए हैं
और अब हर तरह की कविता से पहले
हथियारों से युद्ध करना बहुत जरूरी हो गया है।

वैसे, हथियार उठाने का दम भरने वाले कवि और भी हैं और उन बड़बोले लोगों में ज्यादातर ऐसे भी हैं जिन्होंने किसी हथियार की शक्ल भी नहीं देखी है। लेकिन पाश उन थोड़े से कवियों में हैं जिन्हें 'लोहे' का गहरा एहसास है जैसा कि 'लोहा' शीर्षक कविता कहती है—

तुम लोहे की कार में घूमते हो
मेरे पास लोहे की बंदूक है।
मैंने लोहा खाया है।
तुम लोहे की बात करते हो।

लोहा केदारनाथ अग्रवाल ने भी 'देखा' था। धूमिल को भी लोहे का 'स्वाद' मालूम था। लेकिन पाश ने तो लोहा 'खाया' था और उसकी "अंतड़ियों में गड़ी हुई थीं/रंगों और रहस्यों वाली विचित्र कविता की किरचें।" इसीलिए कुल मिलाकर था वह कवि ही—सरापा कवि। ऐसा समझदार कवि जिसे उस जगह का पता था "जहाँ कविता खत्म होती है" और उस जगह का भी "जहाँ कविता खत्म नहीं होती।" और ज़िंदगी की इस मंजिल पर पहुँच कर वह दर्द के स्वर में कहता है—

मैं—जो सिर्फ एक आदमी बनना चाहता था
ये क्या बना दिया गया हूँ।

जैसाकि कि 'मैं अब विदा होता हूँ' शीर्षक कविता में उसने बड़ी हसरत से कहा है : "कि मुझे जीने की बहुत इच्छा थी कि मैं गले तक ज़िंदगी में डूबना चाहता था।" पाश को और जीने की इच्छा इसलिए थी कि उसके पास "सौंदर्य की उस स्वप्न-सीमा से

इधर/अभी कहने को बहुत बातें हैं।''

क्या हत्यारों को पता है कि उन्होंने पंजाबी भाषा के भविष्य से क्या छीना है ? कैसे कहें कि वाहे गुरु ! उन्हें माफ़ करना !

वह हाथ कट गया है जिसने पंजाबी में 'हाथ' जैसी कविता लिखी। 'हाथ' पर एक कविता तुर्की कवि नाज़िम हिकमत ने भी लिखी थी। उसके बाद तो 'हाथ' पर कई कविताएँ लिखी गईं। लेकिन पंजाबी के पाश के 'हाथ' का अपना खास तेवर है—

हाथ अगर हों तो
'हीर' के हाथों से 'चूरी' पकड़ने के लिए ही नहीं होते
'सैदे' की बारात रोकने के लिए भी होते हैं
'कैदो' की बाहें तोड़ने के लिए भी होते हैं
हाथ श्रम करने के लिए ही नहीं होते
लुटेरे हाथों को तोड़ने के लिए भी होते हैं।

इस तरह पूरी कविता 'द्वंद्व' सिद्धान्त पर रची हुई एक मुकम्मल इंसान की तस्वीर है।

'हाथ' के साथ ही पाश की 'प्रतिबद्धता' कविता याद आती है, जिसके सच की आँच में प्रतिबद्धता के नाम पर लिखी बहुतेरी कविताएँ राख होती दिखाई देती हैं। समूची कविता से तोड़कर कुछ भी पेश करना कविता के साथ सरासर अन्याय होगा, फिर भी उसका आभास देने के लिए ये कुछ पंक्तियाँ—

हम चाहते हैं अपनी हथेली पर कोई इस तरह का सच
जैसे गुड़ की चाशनी में कण होता है
जैसे हुक्के में निकोटिन होती है
जैसे मिलन के समय महबूब के होठों पर
कोई मलाई जैसी चीज़ होती है।

गुड़ की चाशनी, हुक्के की निकोटिन और महबूब के होठों की मलाई—ये सब उस सच के ही अलग-अलग रूप हैं जिन्हें कविता के आलोचक बेमेल बिम्बों की अन्तर्योजना कहना चाहेंगे। लेकिन पाश बिम्बों की भाषा में सोचते और गाते हुए भी सब कुछ ''सचमुच'' का ही चाहता है—

हम झूठ-मूठ का कुछ भी नहीं चाहते
और हम सब कुछ सचमुच का देखना चाहते हैं
ज़िंदगी, समाजवाद, या कुछ और…।

'सचमुच' की यह चाह पाश के सोच में इस तरह रसी-बसी है कि उसकी कविता खेतों, खलिहानों और खुरलियों की जीती-जागती ठोस भाषा में अनायास ही बोलती-बतियाती है। जैसे ''हुस्न कोई मक्की की नमक छिड़की रोटी जैसी लज्जत'' है, ''सपने बूढ़े बैल के उचड़े हुए कंधों जैसे''। कविता की यह वह दुनिया है जिसमें 'गंड में जमते गुड़ की महक' है, चाँद की चाँदनी में चमकती ''सुहागी हुई बत्तर धरती'' है, तीतरपंखी बदली है, बाल्टी में दुहे दूध पर गाती हुई झाग है और इसी तरह के और भी बिम्ब हैं

जिनका प्रदर्शन करके आज बहुत से कवि अपने आप को "खेतों का पूत" कहते हैं। कहने की आवश्यकता नहीं कि पाश ऐसा "सपूत" न था।

पाश दिखावे से दूर ही नहीं, बल्कि हर तरह के दिखावे के लिए चुनौती था। उस की कविता में जहाँ वक्तृत्त्व का आवेग है, वहाँ भी एक पारदर्शी खरापन है। चुनौतियों में भी खरा आत्मविश्वास है, कोरा बड़बोलापन नहीं, जैसे–

किसी भी धर्म का कोई ग्रंथ
मेरे जख़्मी होठों की चुप से अधिक पवित्र नहीं है।

क्या जख्मी होठों की यह चुप ढिठाई या कुफ्र है? फैसला देने से पहले एक अन्य कविता की निन्नलिखित पंक्तियों को भी ध्यान में रख लें–

जा, तू शिकायत के काबिल होकर आ
अभी तो मेरी हर शिकायत से
तेरा कद बहुत छोटा है

इस अंदाज़ में बात करने का हक उसी कवि को है जिसे विश्वास हो कि "मेरा अब हक बनता है।" पाश ने यह हक कमा कर हासिल किया था।

कवि पाश की रचना-यात्रा का सबसे निर्णायक मोड़ मेरी समझ से, वह है जब उसने 'कामरेड से बातचीत' शीर्षक कविता-श्रृंखला शुरू की। जिंदगी के बारे में पाश किस दिशा में सोच रहा था, इसका कुछ अंदाज़ा पहली कविता की इन पंक्तियों से लग सकता है–

यह वक्त बहुत खूँखार है साथी!
कि महान एंगेल्स की 'परिवार, व्यक्तिगत सम्पत्ति और राज्य'
हमने एक साथ पढ़ी थी
तुमने उस दिन खत्म हो रही व्यक्तिगत सम्पत्ति पर थूका
परिवार से विदा लेकर
राज्य से टकराने चले गए
और मैं घर की छतों से गिर रहे घुन का
राज सत्ता की तरह मुकाबला करते हुए
'परिवार' शब्द से अर्थ के खत्म हो जाने को रोकता रहा।

यह राजनीति की कोरी बहस नहीं, बल्कि संघर्षों के बीच पकते हुए कवि का अनुभव है। मुक्तिबोध के शब्दों में "संवेदनात्मक ज्ञान" या कि "ज्ञानात्मक संवेदन।"

इसके साथ पाश की 'रचना-प्रक्रिया' के अंदर आने वाले परिवर्तन को देखना हो तो 'कामरेड से बातचीत' (4) कविता का यह बंद–

सिर्फ अपनी सुविधा के लिए तुमने
शब्दों को तराशना सीख लिया है
तुमने इस तरह कभी नहीं देखा
जैसे अंडों में मचल रहे चूजे हों

मैंने शब्दों को झेला है, उनके तीखे नुकीले रूप में
किसी भी मौसम के कोप से भागने वालों को
अपने रक्त में शरण दी है
मैं गुरु गोविंद सिंह नहीं
इन्हें कविता का कवच पहनाकर भेजने के बाद
बहुत-बहुत देर रोया हूँ।

एक संवेदनशील कवि और साथ ही एक संवेदनशील कम्युनिस्ट ही अंडों में मचल रहे चूजे जैसे शब्दों को लेकर इस तरह रो सकता है। कहते हैं, इस तरह कभी लेनिन भी रोए थे। पाश को तो आज हम स्वयं ही सुन रहे हैं! यह रोना पलायन नहीं है, संघर्ष का नया तेवर है। पाश की कविता इसी दुहरे संघर्ष की ऐतिहासिक दस्तावेज़ है!

पाश की कविता की यह ताकत है जो अनुवाद में भी इतना असर रखती है। मूल पंजाबी में वह कैसी होगी, इसका सिर्फ अंदाजा ही लगाया जा सकता है। कान जिस भाषा से परिचित हों, लेकिन ज़बान जिसका ज़ायका न जानती हो, उसके बारे में इससे अधिक कुछ भी कहना गुस्ताखी होगी। हमें तो चमनलाल का कृतज्ञ होना चाहिए कि उन्होंने अनुवाद को संवारने-निखारने का धीरज छोड़कर जल्द-से-जल्द पाश की कविताओं के अधिकांश को हिंदी में सुलभ करा दिया। आशा की जानी चाहिए कि इस दिशा में वे भी सक्रिय होंगे जो कवि हैं—पाश के समानधर्मा हिंदी कवि।

नामवर सिंह

जवाहरलाल नेहरू विश्वविद्यालय
नई दिल्ली
20.3.89

यह चयन

पाश की अब तक उपलब्ध लगभग एक सौ तीस कविताओं में से यहाँ उनकी चुनी हुई 81 कविताएँ प्रस्तुत की जा रही हैं। इस चयन में उनके रचनाकाल को तीन खंडों में रखा गया है। 1967 से लेकर 1974 में छपे उनके दूसरे कविता-संग्रह 'उड्डदे बाजाँ मगर' तक के रचनाकाल से 55 कविताएँ चुनी गई हैं। इनमें से 20 कविताएँ उनके प्रथम कविता-संग्रह 'लौह कथा' व 25 दूसरे कविता-संग्रह 'उड्डदे बाजाँ मगर' से चुनी गई हैं। 10 अन्य कविताएँ इस बीच पत्र-पत्रिकाओं में छपी कविताओं से चुनी गई हैं, जो उनकी शहादत के बाद प्रकाशित 'लड़ांगे साथी' नामक संकलन में शामिल की गई हैं। रचनात्मकता के पहले दौर में लिखी गईं उनकी कविताएँ क्रांतिकारी आंदोलन के प्रभाव की तीव्र अनुभूति की कविताएँ हैं।

1974 से 78 के बीच लिखी कविताएँ 'साडे समियाँ विच' संकलन में संकलित हैं, जिससे 22 कविताएँ चुनी गई हैं। इस संकलन की भूमिका भी यहाँ दी जा रही है। इस काल में कवि अंतर्मुखता की ओर बढ़ रहा था और इन कविताओं में उनका व्यक्ति-रूप अधिक उभरकर सामने आता है। ये कविताएँ पाश के काव्य-व्यक्तित्व का एक विशिष्ट रूप प्रस्तुत करती हैं।

1978-88 के बीच पाश ने बहुत कम लिखा, लेकिन समकालीन पंजाब की स्थिति पर संभवतः पाश ने ही सबसे सही काव्यात्मक प्रतिक्रिया व्यक्त की। समकालीन पंजाब की स्थिति के काव्यात्मक दस्तावेज हैं उनकी इस काल की चार कविताएँ, जिनमें अंतिम कविता 'सबसे खतरनाक' आनेवाले कई दशकों तक प्रेरणा बनकर पाठकों में एक दायित्व-बोध जगाती रहेगी।

पाश की कविताओं का यह हिंदी रूपांतर काफी जल्दी में तैयार किया गया है, ताकि पंजाबी संस्कृति का यह अत्यंत महत्त्वपूर्ण कवि, अधिक से अधिक पाठकों तक यथाशीघ्र पहुँच सके और आतंकवादियों के वे मनसूबे नष्ट हो जाएँ, जिनके चलते उन्होंने 23 मार्च, 1988 को पाश की हत्या कर डाली थी। पाश के शरीर को उन्होंने खत्म कर दिया है, लेकिन पंजाब की आवाज के रूप में अपनी कविताओं के माध्यम से पाश हमेशा जिंदा रहेगा।

इस संकलन को छापने में राजकमल प्रकाशन की ओर से श्रीमती शीला संधू और श्री मोहन गुप्त ने जैसा उत्साह दिखाया, उससे इस संकलन को तैयार करने में मुझे बहुत प्रेरणा मिली है, अतः सर्वप्रथम मैं उनका आभारी हूँ। नामवर जी ने संकलन की प्रस्तावना लिखना स्वीकार कर मुझे संकलन की तैयारी में अतिरिक्त उत्साह प्रदान किया है, जिसके लिए मैं उनका भी आभारी हूँ। इन कविताओं के हिंदी रूपांतर के बारे में साथी रामकुमार कृषक तथा युवा हिंदी कवि दंपति मनमोहन और शुभा से विचार-विमर्श कर मुझे जो सहायता मिली, उसके लिए उनका आभार व्यक्त करने में मित्रवत् उन्हें आपत्ति होगी, लेकिन उनके आभार से मैं मुक्त नहीं हो सकता। कविताओं के अनुवाद की अनुमति के लिए पाश के परिजनों के प्रति आभार व उन मित्रों के प्रति भी, जो इस प्रयास में नैतिक या भावनात्मक रूप से जुड़े रहे। अनुवाद के संबंध में श्रेष्ठता का दावा मेरा नहीं है, लेकिन कोशिश यही रही है कि पाश की आत्मा इनमें ध्वनित हो।

4.8.1988 **चमन लाल**

क्रम

पाश की काव्य-यात्रा

पाश की पहली कविता 1967 में छपी, जबकि पहली कविता उसने केवल पंद्रह वर्ष की आयु (1965) में लिखी। कवि के रूप में पाश को प्रसिद्धि 1969 से ही मिलनी शुरू हो गई थी और 1970 में, जब पाश जेल में थे, उनका सर्वप्रथम कविता-संग्रह 'लौह कथा', जिसमें उनकी 36 कविताएँ संकलित थीं, छपकर आ गया था और इसने एक सनसनी-सी फैला दी थी। केवल बीस वर्ष की आयु में पाश पंजाबी के एक प्रतिष्ठित कवि बन गए थे। 1971 में पाश जेल से बाहर आ गए थे। 1974 में उनका दूसरा कविता-संग्रह 'उड्डदे बाजां मगर' छपकर आया, जिसमें उनकी 38 कविताएँ संकलित थीं। इस संग्रह को कई विश्वविद्यालयों ने अपने एम.ए. स्तर के पाठ्यक्रमों के लिए पाठ्य पुस्तक के रूप में चुना, यहाँ तक कि संघ लोक सेवा आयोग (यू. पी. एस. सी.) ने भी अपनी परीक्षाओं के पाठ्यक्रम में यह संग्रह लगाया।

पाश का तीसरा कविता-संग्रह 'साडे समियाँ विच' 1978 में प्रकाशित हुआ। इस संग्रह में उनकी अपेक्षाकृत लंबी कविताएँ संकलित हैं और इनकी संख्या 28 है। इस संग्रह के बाद पाश की शहादत तक उनका कोई अन्य संग्रह प्रकाशित नहीं हुआ। इस बीच पाश ने कविताएँ लिखीं भी अपेक्षाकृत कम। 24 अप्रैल, 1988 को उनकी स्मृति में हुए एक समारोह में उनका एक और कविता-संग्रह 'लड़ांगे साथी' रिलीज़ किया गया। इस संग्रह में अधिकांश कविताएँ उनके पहले तीन संग्रहों से ही संकलित की गई हैं, लेकिन 23 ऐसी नई कविताएँ भी इस संकलन में हैं, जो पहले के तीन संग्रहों में नहीं हैं। इस प्रकार कुल मिलाकर चार कविता-संग्रहों में पाश की 125 कविताएँ संकलित हैं। अभी ऐसी भी कविताएँ हैं, जो पाश ने लिखीं, लेकिन प्रकाशित नहीं करवाईं, जिन्हें वे अपने उन दोस्तों के यहाँ छोड़कर चले जाते रहे, जिनके पास वे कभी-कभार रुकते थे।

कविता के अतिरिक्त पाश ने अपनी डायरी में साहित्य व राजनीति संबंधी चिंतन किया है। 'सिआड़', 'हाक', 'हेम ज्योति' व 'एंटी 47' का संपादन करते हुए संपादकीय टिप्पणियाँ व साहित्यिक-राजनीतिक लेख

लिखे हैं। आतंकवादियों द्वारा उनकी हत्या करने का मुख्य कारण उनका 'हाक' व 'एंटी-47' शीर्षक हस्तलिखित पत्रिकाओं में 'खालिस्तानी' विचारधारा का सशक्त विरोध ही है। अपने लेखन के अतिरिक्त पाश जनतांत्रिक मूल्यों के संघर्ष के सक्रिय कार्यकर्ता भी थे। इस लिहाज से वे राल्फ फाक्स, काडवेल आदि की परंपरा में आते हैं, जिन्होंने लेखन के साथ-साथ जन-संघर्षों में सक्रिय भागीदारी भी की।

लेकिन कुल मिलाकर पाश का कवि-रूप ही उनका सबसे प्रमुख रूप बनकर उभरता है, यद्यपि उनका यह कवि-रूप भी उनके संपूर्ण जीवन, व्यक्तित्व और संघर्षों का ही आलोकमय रूप है, जिसे उनके जीवन व उनकी गतिविधियों से अलग कर नहीं देखा जा सकता।

और जब हम पाश के कवि-रूप को देखते हैं तो पंजाबी साहित्य-संस्कृति के संदर्भ में उनकी तुलना पंजाबी के एक अन्य अत्यंत लोकप्रिय कवि शिव बटालवी से करने की इच्छा होती है। लेकिन इन दोनों कवियों में इस बात के सिवा कुछ भी समान नहीं है कि दोनों ही कवि 37 वर्ष की अल्पायु में चल बसे, दोनों का ही पंजाबी साहित्य-मंच पर सनसनीखेज तरीके से प्रवेश हुआ और दोनों ही बहुत लोकप्रिय रहे। वास्तव में जिन दिनों शिव बटालवी लोकप्रियता के शिखर पर थे, उन्हीं दिनों पंजाबी काव्यमंच पर पाश के प्रवेश ने शिव बटालवी को उनके शिखर से नीचे खींच लिया।

शिव बटालवी खुद गाते थे और उनके गीत आज भी बहुत लोकप्रिय हैं। जगजीत-चित्रा सिंह आदि प्रतिष्ठित गायकों ने उनके गीत रिकार्ड करवाए हैं। लेकिन शिव बटालवी 'मौत की शान' के शायर थे और पाश उसके मुकाबले 'जिंदगी की शान' के शायर बनकर आए। 'हमें तो जोबन रुत में मरना' शिव के साहित्य व जीवन का लक्ष्य था और उन्होंने शराब में डूबकर 37 वर्ष की अल्पायु में मौत की गोद में जाकर यह लक्ष्य पूरा कर लिया। लेकिन उसी समय पाश जिंदगी की शान और संघर्ष की कविताएँ लेकर साहित्य-मंच पर आए और उन्होंने अपनी कविता से पंजाबी पाठकों की मनोवृत्ति को शिव बटालवी की मौत की संवेदनाओं से आजाद कर एक खूबसूरत जिंदगी हासिल करने के संघर्ष की ओर मोड़ दिया। इस नाते पंजाबी साहित्य में पाश का एक ऐतिहासिक महत्त्व है।

पाश की अब तक उपलब्ध 125 कविताओं से पाश का जो कवि-बिंब उभरकर सामने आता है, उसमें विषयगत वैविध्य और रूप के स्तर पर प्रयोगधर्मिता तो मिलती ही है, अपने किस्म की एक ताजगी और मौलिकता भी मिलती है, जिसकी वजह से वे 1970 के बाद की पंजाबी कविता के एक सशक्त प्रतिनिधि व प्रतीक बनकर उभरे। अमरजीत चंदन ने सही कहा है कि पाश ऐसे मौलिक कवि हैं, जिनकी नकल नहीं की जा सकती, यद्यपि

अनेक परवर्ती कवियों ने पाश के मुहावरे की नकल करने की कोशिश की है।

विषयगत वैविध्य होते हुए भी एक केंद्रीय धारा पाश की कविता में लगातार बहती है और यह केंद्रीय धारा है—मनुष्य की, उसके सम्मान की, उसकी शान की गौरव-गाथा। उनकी कविता में मौत के, अमानवीय जीवन-परिस्थितियों के, मनुष्य के दमन व उत्पीड़न के प्रति एक चुनौती है, एक विद्रोह है और अदम्य आत्मविश्वास कि अंतिम जीत मनुष्य की, मनुष्य की शान के साथ जीने की ख्वाहिश व उसकी कोशिशों की ही होगी। मनुष्य की शान का यह अद्भुत गान ही पाश को नाज़िम हिकमत और पाब्लो नेरूदा की परंपरा का क्रांतिकारी कवि बनाता है। लेकिन पाश सही अर्थों में एक क्रांतिकारी कवि थे, अन्य अनेक समकालीनों की तरह क्रांतिकारी लफ्फाज़ नहीं। और यदि पाश की काव्य-यात्रा का क्रमिक विकास देखा जाए तो उनके चिंतन व काव्य में हुए निरंतर विकास व परिपक्वता को स्पष्टता से रेखांकित किया जा सकता है।

पाश ने 1967 में जब कविता लिखना शुरू किया तो देश में नक्सलवादी आंदोलन की व्यापक गूँज थी। पाश इस आंदोलन से गहरे व गंभीर रूप से प्रभावित हुए, लेकिन उन्होंने इस आंदोलन की विचारधारा—मार्क्सवाद-लेनिनवाद-माओत्से तुंग विचारधारा— को अच्छी तरह पचाया और इस आंदोलन के उस हिस्से से जुड़े, जो जन-आंदोलन चलाने में विश्वास रखता था, न कि व्यक्तिगत हत्याओं या आतंक की राजनीति में। जन-आंदोलन में गहरा विश्वास रखने से ही पाश की कविता में सामान्य जन की क्रांतिकारी संभावनाओं के बिंब पूरी शिद्दत से उभरकर आते हैं। पाश की कविता के सामान्य जन प्रायः गाँव के हैं—किसान, खेत-मजदूर, बकरियाँ चरानेवाले, सिपाही इत्यादि। इन लोगों की चेतना अभी भले ही क्रांतिकारी न बन पाई हो, लेकिन क्रांति की संभावनाएँ इन्हीं लोगों में हैं। इसे पाश अच्छी तरह पहचानते व समझते थे, जिसे उन्होंने अपनी कविता में बिल्कुल नए व ताजे बिंबों में ढालकर प्रस्तुत किया।

रूप के स्तर पर पाश की कविता की सबसे बड़ी विशेषता उनकी बिंबावली है। न सिर्फ पंजाबी कविता, बल्कि पूरी भारतीय कविता में यह एक नई किस्म की बिंबावली थी। यही वजह थी कि जब भी पाश की कोई कविता अनूदित होकर दूसरी भाषाओं तक पहुँची, उसे तुरंत स्वीकृति व लोकप्रियता मिली। पाश के काव्य-बिंब पंजाब के ठेठ ग्रामीण जीवन से लिए गए हैं और उनके कुछ बिंबों में चौंकाने-जैसी प्रवृत्ति भी मिलती है, जैसे 'युद्ध और शांति' कविता में शांति के लिए 'गाँधी के जाँघिए' की उपमा।

पाश के सर्वप्रथम काव्य-संग्रह 'लौह कथा' की पहली कविता है–'भारत'। इस कविता में कवि देश व देशप्रेम की अपनी परिभाषा स्पष्ट करता है। पाश के लिए देश भौगोलिक सीमाएँ नहीं है, बल्कि उनके लिए देश का मतलब देश की मेहनतकश जनता है। कवि उद्घोषणा करता है–

इस शब्द के अर्थ
खेतों के उन बेटों में हैं
जो आज भी वृक्षों की परछाइयों से
वक़्त मापते हैं

× × ×

भारत के अर्थ
किसी दुष्यंत से संबंधित नहीं
वरन खेतों में दायर हैं
जहाँ अन्न उगता है
जहाँ सेंध लगती है···

भारत को दुष्यंत-पुत्र भरत से अलग कर देश की अवधारणा भी वे वर्ग-स्तर पर करते हैं। यानी यह देश किसी सामंत-पुत्र की विरासत नहीं, बल्कि यहाँ की मेहनतकश जनता की विरासत है, पाश अपनी पहली ही कविता में यह घोषित करते हैं।

देश की धारणा के साथ-साथ पाश व्यवस्था को भी अपनी काव्यमयी व्यंग्यात्मक चोट का लक्ष्य बनाते हैं। इसी संग्रह की एक अन्य कविता 'अब मेरा हक बनता है' में वे देश की कथित लोकतांत्रिक व्यवस्था पर कड़ी चोट करते हैं, लेकिन 'देशभक्ति' की सकारात्मक अवधारणा भी पाश इसी संग्रह की अन्य कविता 'देशभक्त' में सामने रखते हैं, जिसे उन्होंने चंदन को समर्पित किया है। इस कविता में वे साम्राज्यवाद के खिलाफ राष्ट्रीय संघर्षों की गौरव-गाथा कहते हैं और चेग्वेरा, अफ्रीका व क्यूबा आदि के साथ-साथ बंगाल या भारत के अन्य हिस्सों के जन-संघर्षों की चर्चा करते हैं। साम्राज्यवाद का सक्रिय विरोध बीसवीं सदी के विश्व में देशप्रेम का अभिन्न अंग रहा है, जिसे पाश अपनी इस कविता में स्थापित करते हैं।

देशप्रेम किस प्रकार एक संकीर्ण भावना न होकर अंतर्राष्ट्रीयता से ओतप्रोत भावना है, यह केवल क्रांतिकारी ही जानते हैं और यही क्रांतिकारी भावना पाश से 'श्रीलंका के क्रांतिकारियों' का अभिनंदन करवाती है और यही पाकिस्तानी पंजाबी कवि अहमद सलीम से उनके अपने संघर्षों में एकजुटता जाहिर करवाती है। यह दोनों कविताएँ उनके दूसरे कविता-संग्रह

'उड्डदे बाजाँ मगर' में संकलित हैं ।

देश की भावना से जुड़ी कविताएँ पाश ने अपनी पूरी काव्य-यात्रा के दौरान लिखी हैं । 'साडे समियाँ विच' संग्रह में 'एमरजेंसी लगने के बाद' देश की स्थिति का दुखात्मक आकलन है । 'लड़ांगे साथी' संग्रह में संकलित व 1985 में दिल्ली के नवंबर-दंगों के बाद लिखी कविता 'बेदखली के लिए विनयपत्र' में देश के प्रति फिर एक बार तीव्रतम भावाभिव्यक्ति हुई है । 'भारत' कविता में यदि देश को सामंत-पुत्र से अलगाया गया है, तो 'बेदखली' में 1947 के बाद के भारत को एक ही परिवार की संपत्ति होने से अलगाने की तीव्र अनुभूति है । कवि पूरी कटुता से कहता है—

इसका जो भी नाम है—गुंडों की सल्तनत का
मैं इसका नागरिक होने पर थूकता हूँ

मैं उस पायलट की
चालाक आँखों में चुभता भारत हूँ
हाँ, मैं भारत हूँ चुभता हुआ उसकी आँखों में
अगर उसका अपना कोई खानदानी भारत है
तो मेरा नाम उसमें से अभी खारिज कर दो

पाश ने अपने पहले कविता-संग्रह का नाम रखा—'लौह कथा' । इस शीर्षक को सार्थक करनेवाली उनकी कविता है—'लोहा' । इस कविता में लोहे के बिंब से उन्होंने समाज के वर्ग-विभेद और वर्ग-संघर्ष की स्थिति को उघाड़ा है । एक ओर वे हैं, जो लोहे की बात करते हैं, जिनके पास लोहे की कुर्सियाँ, बैंकों में लोहे के सेफ़ हैं, दूसरी ओर लोहे को धौंकनी से ढालकर यह सारी चीजें बनानेवाले मेहनतकश हैं, जो अब लोहे की शक्ति से जाग्रत हो कर लोहे को पिस्तौलों, बंदूकों व बमों की शक्ल दे रहे हैं ।

लेकिन पाश की अधिकांश कविताएँ सच्चाई और बगावत का ऐलान करती हैं और शोषक वर्गों को एक चुनौती देती हैं कि उनकी पराजय निश्चित है, हर तरह के अत्याचार न उनकी पराजय को रोक सकते हैं और न क्रांति की संभावना मिटा सकते हैं । 'सच' कविता में वे घोषणा करते हैं कि शोषक वर्ग इस सच को स्वीकार करे या न करे, लेकिन अब संघर्ष का सच, युग-सत्य बन रहा है । 'समय कोई कुत्ता नहीं' कविता में पाश कहते हैं कि वे जेल में बंद होकर भी आजाद हैं, जबकि यह पहरेदार सीखचों के बाहर होकर भी कैद है । 'आप हैरान न हों' कविता में शोषक वर्ग को सीधे संबोधित करते हुए पाश कहते हैं कि वे तो सरफरोश हैं और उनसे हिसाब चुकता करेंगे । इस कविता में पाश ने उन यंत्रणाओं का काव्यात्मक चित्र

प्रस्तुत किया है, जो उन्होंने पुलिस के हाथों 1969 में झेलीं। 'प्रतिज्ञा' कविता में शोषक वर्गों को समाप्त करने की दृढ़ प्रतिज्ञा व्यक्त हुई है।

अपने पहले ही संग्रह से पाश अत्यंत संवेदनशीलता से मेहनतकशों के सौंदर्यबोध की अवधारणा की भी बात करते हैं। 'मेरी माँ की आँखें,' कविता में पाश अपनी आँखों की सुंदरता के जिक्र के माध्यम से उस औरत की आँखों में दोष की चर्चा करते हैं, जिसे गरीबी की मार में अपना ही बेटा बदसूरत जान पड़ता है। 'गले-सड़े फूलों के नाम' कविता में वे ग्राम-संवेदना और नगर-संवेदना में फर्क को रेखांकित करते हुए अपनी ग्राम-संवेदना के गौरव को स्थापित करते हैं। 'जेल के खूबसूरत नक्शे-कदम' कविता में कवि जेल की हदों के भीतर से पहाड़ों और खेतों की सुंदरता का बयान करता है।

'लौह कथा' की एक अन्य व्यंग्यात्मक कविता 'संस्कृति की खोज' है, जिसमें एक अंग्रेज महिला मरियम किस्लर, पी-एच. डी. की चर्चा है, जो भारतीय संस्कृति पर खोज कर रही है। इसके माध्यम से विदेशियों द्वारा की जा रही भारत की सांस्कृतिक खोज पर व्यंग्य किया गया है।

इस संग्रह की 'कातिल', 'खुला खत', 'कागजी शेरों के नाम' आदि कविताएँ मध्यवर्ग व बुद्धिजीवियों के नाम संबोधित हैं। उनके खोखलेपन को उद्घाटित करते हुए उनसे संघर्ष में कूदकर अपना व्यक्तित्व हासिल करने की अपेक्षा इन कविताओं में व्यक्त हुई है।

1974 में प्रकाशित पाश का दूसरा कविता-संग्रह 'उड्डदे बाजाँ मगर' उनकी कविता के कलात्मक विकास की गवाही देता है। संग्रह की पहली कविता शीर्षक कविता है और अपनी परिपक्वता व ताजगी से फौरन ध्यान आकर्षित करती है। यह कविता एक स्तर पर यदि व्यंग्यात्मक स्वर लिए हुए है तो दूसरे स्तर पर जीवन के कटु यथार्थ का अंकन करती हुई संघर्ष में कूदने की प्रेरणा देनेवाली है। कविता के पहले हिस्से में 'लाल पगड़ीवाले आलोचकों' की चर्चा के माध्यम से सरकार द्वारा कवि-लेखकों से किए जानेवाले सलूक का व्यंग्यात्मक चित्र है तो परवर्ती भाग में बहनों के ब्याह के न उतरनेवाले कर्जों, किसानों के शोषण, गाँव की सुंदर लड़कियों के उजड़ते जीवन के कटु चित्र हैं, लेकिन ये कटु चित्र सिर्फ निराशा में डुबोने के लिए नहीं हैं, बल्कि एक तीव्र प्रभाव डालते हुए इन परिस्थितियों के खिलाफ संघर्ष करने की प्रेरणा देते हैं।

इस संग्रह में पाश की अनेक चर्चित व महत्त्वपूर्ण कविताएँ संकलित हैं। ऐसी ही कुछ कविताएँ हैं—'हम लड़ेंगे साथी', 'तूफान कभी मात नहीं खाते', 'पुलिस के सिपाही से', 'काँटे का जख्म' व कुछ गीत।

'हम लड़ेंगे साथी' पाश की बहुचर्चित कविता है, जो अनेक भाषाओं में अनूदित हुई है। इसी कविता से प्रेरित होकर उनकी शहादत के बाद छपे

उनके कविता-संग्रह का शीर्षक भी 'लड़ांगे साथी' रखा गया है। पाश की कविता की सबसे महत्त्वपूर्ण विशेषता यह है कि उसमें एक अभूतपूर्व आशावादी संदेश है। खराब से खराब परिस्थितियों में भी पाश में जीवन की विजय के प्रति अद्भुत विश्वास है। यही आशावाद उन्हें गोर्की और आस्त्रोवस्की के बहुत करीब ले जाता है और आस्त्रोवस्की की रचना 'जय जीवन' बरबस ही पाश की कविताओं को पढ़ते हुए ध्यान में आने लगती है। 'हम लड़ेंगे साथी' कविता में पाश हर स्थिति में तब तक संघर्ष करने का प्रण लेते हैं, जब तक 'दुनिया में लड़ने की ज़रूरत बाकी है।' अनथक संघर्ष करने की प्रेरणा देनेवाली यह कविता विश्व की बेहतरीन कविताओं में जानी जाएगी।

'जन्मदिन' कविता इस संग्रह की आत्म-साक्षात्कार की कविता है। इसमें पाश जेल में अपने कैदी-साथियों के साथ बेड़ियाँ खनकाकर 'जन्मदिन मुबारक' गीत के साथ जीवन की इक्कीसवीं वर्षगाँठ मनाते हैं और अपने नए 'जन्म' की घोषणा करते हैं—सामाजिक क्रांति की चेतना से लैस एक नया जन्म। जेल-जीवन के दौरान लिखी पाश की अनेक कविताएँ इस संग्रह में भी संकलित हैं।

'मुझे चाहिएँ कुछ बोल', (जिनसे एक गीत बन सके) कविता द्वारा पाश व्यवस्था के खोखलेपन पर पुनः तीव्र व्यंग्य करते हैं। यह ऐसी अमानवीय व्यवस्था है, जिसमें किसी सृजनात्मक व्यक्ति के लिए सृजन की कोई संभावना नहीं है, जब तक कि वह स्वयं को इस व्यवस्था को बदलने के संघर्ष से न जोड़े।

'उड्डदे बाजाँ मगर' संग्रह में पाश के दो अत्यंत लोकप्रिय गीत भी संकलित हैं, जो मंच पर खूब गाए गए हैं। इनमें एक गीत 'मज़दूर की झोंपड़ी' को मीनार बनने का संदेश देता है और दूसरा 'सुनहरी प्रभात' के संभावित आगमन की खुशी में आकाश और धरती के नाचने-गाने की अभिव्यक्ति करता है।

'तूफान कभी मात नहीं खाते' शीर्षक कविता इस संग्रह की एक अन्य महत्त्वपूर्ण कविता है, जिसमें क्रांतिकारी शक्तियों की अस्थायी असफलता पर व्यवस्था के उछलने को चुनौती देते हुए कहा है कि 'हवा फिर दिशा बदलेगी और तूफान कभी मात नहीं खाएँगे।'

'पुलिस के सिपाही से' कविता में फिर वर्ग-चेतना का उद्घोष है। पुलिस के सिपाही को किसान-मजदूर का बेटा समझकर पाश ने उसे अपना वर्ग पहचानने और उसके लिए बंदूक उठाने का संदेश दिया है।

'सेंसर होनेवाले खत का दुखांत' में जहालत से भरे पुलिस-अधिकारियों पर फिर व्यंग्य है, जो व्यक्तिगत पत्रों में भी अर्थ के अनर्थ करते हैं। 'काँटे

का जख्म' कविता में गाँव के साधारण आदमी के जीवन की दुखांत गाथा है तो 'जहाँ कविता खत्म होती है' गाँव के अनपढ़ लड़कों को संबोधित है, जिसमें उनसे वहाँ से जिंदगी शुरू करने का संदेश है, 'जहाँ कविता खत्म होती है…'

वास्तव में 'उड्डदे बाजाँ मगर' की 38 कविताओं ने पाश को पंजाबी कविता के इस दौर के सबसे महत्त्वपूर्ण कवि के रूप में स्थापित किया और उसका यह दर्जा अभी तक कोई और पंजाबी कवि पार नहीं कर पाया है। न केवल पंजाबी में ही, बल्कि अखिल भारतीय स्तर पर भी एक अत्यंत महत्त्वपूर्ण कवि के रूप में पाश को पहचाना जाने लगा था, हालाँकि उनकी कुछ ही कविताएँ अनूदित होकर देश के अन्य हिस्सों तक पहुँची थीं।

पाश का तीसरा कविता-संग्रह 'साड़े समियाँ विच' (हमारे समयों में)समकालीन जीवन का काव्यात्मक किंतु यथार्थ आकलन तो है ही, पाश की कला के भी और अधिक विकास का सूचक है। 1978 में प्रकाशित इस संग्रह में उनकी अपेक्षाकृत लंबी 28 कविताएँ संकलित हैं। संग्रह की अंतिम कविता 'कामरेड से बातचीत' छह खंडों में लिखी पाश की अब तक प्रकाशित सबसे लंबी कविता है। मुक्तिबोध की तरह पाश की काव्य-संवेदना भी अब लंबी कविताओं के रूप में अभिव्यक्ति पाने की ओर बढ़ रही थी, लेकिन आतंकवादी हाथों ने अल्पायु में ही पाश की हत्या करके पंजाबी साहित्य-संस्कृति के संभावित मुक्तिबोध को छीन लिया। इस हत्या ने एक बार फिर यह प्रमाणित कर दिया है कि फासिस्ट विचारधारा और इसे माननेवाले ही साहित्य-संस्कृति के सबसे बड़े शत्रु हैं।

'साडे समियाँ विच' की भूमिका में पाश ने कविता में संबोधन-शैली की प्रशंसा करते हुए कालिदास के प्रभाव को स्वीकार किया है। इसके साथ ही कमलादास, नेरूदा व नाज़िम हिकमत का प्रभाव भी उन्होंने स्वीकार किया है।

'उड्डदे बाजाँ मगर' की अंतिम कविता अपने गाँव के अनपढ़ लड़कों से संबोधित थी—'जहाँ कविता खत्म होती है' और 'साडे समियाँ विच' की पहली कविता फिर गाँव के लड़कों से संबोधित है—'जहाँ कविता खत्म नहीं होती'। इस कविता में मनुष्य की सामाजिक चेतना के विकास के साथ-साथ उसके भीतर पैदा होती दुखों की अनुभूति की चर्चा है—

पंद्रहवें के बाद
हर वर्ष श्मशान से उठती भाप का गुब्बार होता है
× × ×
कवि महसूस करता है—

मैं—जो सिर्फ एक आदमी बनना चांहता था
यह क्या बना दिया गया हूँ ?

लेकिन संग्रह की भूमिका स्वरूप लिखी कविता 'इनकार' में पाश की स्पष्ट उद्‌घोषणा है कि वे अपने वर्ग से जुड़े हैं और जुड़े रहेंगे और व्यवस्था के किसी भी 'सौंदर्यबोध' को स्वीकार नहीं करेंगे ।

'मैं अब विदा लेता हूँ' नामक कविता पाश की संभवतः तीव्रतम कोमल संवेदना की कविता है, जिसमें अपनी मृत्यु से दस वर्ष पहले ही उन्होंने अपनी सामाजिक भूमिका स्पष्ट करते हुए अपनी अंतिम परिणति स्पष्ट कर दी थी । लेकिन साथ ही यह भी कि उनमें जीवन की कैसी उत्कट लालसा थी । न केवल स्वयं जीने की उत्कट लालसा, बल्कि वे अपने पूरे वर्ग के लिए, अपने मित्रों के लिए भी ऐसी ही उत्कट जीवन-लालसा की कामना करते थे । कविता की अंतिम पंक्तियाँ पूरी शिद्‌दत के साथ इस भावना को व्यक्त करती हैं—

तुम यह सभी कुछ भूल जाना मेरी दोस्त
सिवाय इसके
कि मुझे जीने की बहुत लालसा थी
कि मैं गले तक ज़िंदगी में डूबना चाहता था

मेरे भी हिस्से का जी लेना मेरी दोस्त
मेरे भी हिस्से का जी लेना ।

सच्चे क्रांतिकारियों में ही ऐसी जीवन-कामना होती है और वही अपना जीवन दूसरों के जीने के लिए छोड़ जाते हैं । पाश की यह कामना उनके साथियों-प्रशसकों को उन्हीं की तरह जीकर पूरी करनी है ।

'प्रतिबद्धता' कविता में वे जिंदगी और समाजवाद के प्रति सच्ची प्रतिबद्धता व्यक्त करते हैं और झूठ-मूठ के दिखावों का विरोध । 'तुम्हें पता नहीं' कविता में वे अपने कवि-बिंब का जिक्र करते हुए कहते हैं कि उन्हें कविता में 'किसी मुजरे में घुसे आवारा कुत्ते' की तरह समझा जाता है ।

'युद्ध और शांति' इस संग्रह की एक अत्यंत महत्त्वपूर्ण दार्शनिक कविता है । इस कविता में पाश युद्ध और शांति के प्रश्न पर काव्यात्मक ढंग से विचार करते हुए यह स्थापित करते हैं कि वास्तव में युद्ध, यानी संघर्ष ही जीवन की वास्तविकता है और शांति एक तरह से जीवन से पलायन है । शांति के वे कई ऐसे बिंब सृजित करते हैं जो बिल्कुल नए व कुछ हद तक चौंकानेवाले भी हैं और युद्ध के भी ऐसे भावभीने बिंब सृजित करते हैं कि हम जीवन-संघर्ष में कूदने की प्रेरणा ग्रहण करने लगते हैं । 'युद्ध और शांति'

उनकी क्लासिक रचना बनने की क्षमता रखती है।

'हमारे समयों में' कविता भी संग्रह की महत्त्वपूर्ण कविता है, जिसमें कवि ने समकालीन समाज की राजनीतिक स्थिति का दुःख-भरा काव्यात्मक चित्र प्रस्तुत किया है। कम्युनिस्ट पार्टियों का क्रांति-पथ छोड़कर संसद में जा भटकना इन शब्दों में व्यक्त हुआ है—

यह शर्मनाक हादसा हमारे ही साथ होना था
कि दुनिया के सबसे पवित्र शब्दों ने
बन जाना था सिंहासन की खड़ाऊँ
मार्क्स का सिंह-जैसा सिर
दिल्ली की भूल-भुलैयों में मिमियाता फिरता
हमें ही देखना था
मेरे यारो, यह कुफ्र हमारे ही समयों में होना था।

'कामरेड से बातचीत' उक्त संग्रह की सबसे लंबी व अंतिम कविता है, जिसमें उन्होंने कामरेड से संबोधित होते हुए कम्युनिस्ट आंदोलन के सबल व निर्बल दोनों ही पक्षों की चर्चा की है। कम्युनिस्ट आंदोलन व क्रांति के प्रति कवि की सच्ची भावना व चिंता इस कविता के हर शब्द से झलकती है।

पाश की कविताओं का अब तक का अंतिम संग्रह 'लड़ांगे साथी' पाश की शहादत के एक महीना बाद प्रकाशित हुआ था। इस संग्रह में पिछले तीन संग्रहों से चुनी कविताओं के साथ-साथ 23 ऐसी कविताएँ भी संकलित हैं जो अभी तक या तो अप्रकाशित थीं या केवल पत्र-पत्रिकाओं में ही प्रकाशित हुई थीं।

इन कविताओं में उनकी चार कविताएँ पंजाब की मौजूदा स्थिति का सबसे सशक्त काव्यात्मक दस्तावेज हैं। ये कविताएँ हैं—'धर्म-दीक्षा के लिए विनयपत्र', 'कुएँ', 'बेदखली के लिए विनयपत्र' तथा 'सबसे खतरनाक'।

'धर्म-दीक्षा के लिए विनयपत्र' कविता में पाश ने भिंडरावाले की फासिस्ट विचारधारा पर आधारित खालिस्तानी आंदोलन के अमानवीय पक्ष को एक माँ की गुहार के माध्यम से उभारा है। धर्मगुरु से माँ अपने बेटे की दीक्षा व रक्षा चाहती है, क्योंकि 'आदमी बेचारा सर पर रहा नहीं', क्योंकि धर्मगुरु की हुंकार ने 'अच्छे-खासे परिवारों को बाड़े में बदल' दिया है। एक तीव्र तिलमिला देनेवाले व्यंग्य के माध्यम से पाश ने भिंडरावाले-विचारधारा व आंदोलन की वास्तविकता इस कविता से उघाड़ी है और यह कविता तथाकथित 'खालिस्तान' समर्थक आतंकवादियों की आँख में काँटे की तरह चुभती भी रही। 1982 में पाश ने 'हाक' हस्तलिखित पत्रिका में

'कुएँ' नामक कविता प्रस्तुत की। इस कविता के अपेक्षाकृत अमूर्त बिंबों द्वारा उन्होंने 'खालिस्तानी' आंदोलन के प्रतिक्रियावादी पक्ष को उभारा।

लेकिन साथ ही साथ नवंबर '84 के सिख-विरोधी दंगों मे उपजे सात्त्विक क्रोध में पाश ने 'बेदखली के लिए विनयपत्र' जैसी सशक्त मानवीय रचना भी की, जिसमें सत्ता द्वारा निर्दोष सिखों की हत्या को उघाड़ते हुए एक 'खानदानी' भारत से अपना नाता तोड़ने की काव्यात्मक घोषणा की गई है।

पाश की अंतिम प्रकाशित कविता थी—'सबसे खतरनाक'। इस कविता में पाश ने शोषण, दमन और अत्याचार से भी अधिक खतरनाक माना है—इंसान की प्रतिरोध करने, जीने और उसके सपनों के मर जाने की स्थिति को। आकस्मिक नहीं कि पाश ने स्वयं अपने बलिदान द्वारा इस 'सबसे खतरनाक' स्थिति को भेद दिया।

संभवतः पाश की कुछ अप्रकाशित कविताएँ अभी इधर-उधर बिखरी हुई हों, लेकिन अब तक प्रकाशित कविताओं से ही उनका कवि-बिंब पूरी तरह स्पष्ट है। अपनी काव्य-यात्रा के अंतिम दौर में पाश ने संबोधन-शैली को अधिक अपनाया और इस शैली में अनेक सशक्त रचनाएँ कीं।

23 मार्च, 1988 को पाश भी अपने प्रिय शहीद भगत सिंह के रास्ते पर चले गए और उक्त ऐतिहासिक तारीख को उन्होंने राजनीति व संस्कृति के संगम का दर्जा भी दिला दिया। भगत सिंह 23 मार्च, 1931 को देश के स्वतंत्रता-आंदोलन की बलिवेदी पर शहीद हुए थे। भगत सिंह मूलतः एक राजनीतिक कार्यकर्ता थे, यद्यपि उनकी साहित्यिक समझ अत्यधिक साफ थी। पाश मूलतः एक सांस्कृतिक कार्यकर्ता थे, एक कवि थे, लेकिन उनकी राजनीतिक समझ बहुत साफ थी। भगत सिंह और पाश की एक ही दिन से जुड़ी शहादत उन्हें पंजाब की परंपरा में एक साथ ले आई है। यद्यपि दोनों की शहादत में 57 वर्ष का अंतर है, लेकिन दोनों ही मानवतावादी व क्रांतिकारी विचारों के लिए शहीद हुए। पाश की शहादत ने यह सिद्ध कर दिया है कि मानव-मूल्यों के व्यापक संघर्ष में संस्कृतिकर्मी भी वैसे ही योद्धा हैं, जैसे राजनीतिक कार्यकर्ता। राजनीति व संस्कृति को मानव-मूल्यों के संघर्ष में अलगाया नहीं जा सकता। 23 मार्च के दिन भगत सिंह और पाश को एक साथ याद करते हुए, यही संदेश हमारे सामने बार-बार आएगा।

चमन लाल

'लौह कथा' (1970) से

भारत

भारत—
मेरे सम्मान का सबसे महान शब्द
जहाँ कहीं भी प्रयोग किया जाए
बाकी सभी शब्द अर्थहीन हो जाते हैं

इस शब्द के अर्थ
खेतों के उन बेटों में हैं
जो आज भी वृक्षों की परछाइयों से
वक्त मापते हैं
उनके पास, सिवाय पेट के, कोई समस्या नहीं
और वह भूख लगने पर
अपने अंग भी चबा सकते हैं
उनके लिए जिंदगी एक परंपरा है
और मौत के अर्थ हैं मुक्ति
जब भी कोई समूचे भारत की
'राष्ट्रीय एकता' की बात करता है
तो मेरा दिल चाहता है—
उसकी टोपी हवा में उछाल दूँ
उसे बताऊँ
कि भारत के अर्थ
किसी दुष्यंत से संबंधित नहीं
वरन खेतों में दायर हैं
जहाँ अन्न उगता है
जहाँ सेंध लगती है...

लोहा

आप लोहे की कार का आनंद लेते हो
मेरे पास लोहे की बंदूक है

मैंने लोहा खाया है
आप लोहे की बात करते हो
लोहा जब पिघलता है
तो भाप नहीं निकलती
जब कुठाली उठानेवालों के दिलों से
भाप निकलती है
तो लोहा पिघल जाता है
पिघले हुए लोहे को
किसी भी आकार में
ढाला जा सकता है

कुठाली में देश की तकदीर ढली होती है
यह मेरी बंदूक
आपके बैंकों के सेफ;
और पहाड़ों को उल्टानेवाली मशीनें,
सब लोहे के हैं
शहर से वीराने तक हर फर्क
बहन से वेश्या तक हर एहसास
मालिक से मुलाजिम तक हर रिश्ता
बिल से कानून तक हर सफर
शोषणतंत्र से इन्कलाब तक हर इतिहास
जंगल, कोठरियों व झोंपड़ियों से लेकर इंटैरोगेशन तक

हर मुकाम सब लोहे के हैं

लोहे ने बड़ी देर इंतजार किया है
कि लोहे पर निर्भर लोग
लोहे की पत्तियाँ खाकर
खुदकशी करना छोड़ दें
मशीनों में फँसकर फूस की तरह उड़नेवाले
लावारिसों की बीवियाँ
लोहे की कुर्सियों पर बैठे वारिसों के पास
कपड़े तक खुद उतारने के लिए मजबूर न हों

लेकिन आखिर लोहे को
पिस्तौलों, बंदूकों और बमों की
शक्ल लेनी पड़ी है
आप लोहे की चमक में चुँधियाकर
अपनी बेटी को बीवी समझ सकते हैं,
(लेकिन) मैं लोहे की आँख से
दोस्तों के मुखौटे पहने दुश्मन
भी पहचान सकता हूँ
क्योंकि मैंने लोहा खाया है
आप लोहे की बात करते हो ।

सच

आपके मानने या न मानने से
सच को कोई फर्क नहीं पड़ता
इन दुखते हुए अंगों पर सच ने एक जून भुगती है
और हर सच जून भुगतने के बाद
युग में बदल जाता है
और यह युग अब खेतों और मिलों में ही नहीं
सेना की पाँतों में भी विचर रहा है
कल जब यह युग
लालकिले पर परिणाम का ताज पहने
समय की सलामी लेगा
तो आपको सच के असली अर्थ समझ आएँगे
अब हमारी उपद्रवी जाति को
चाहे इस युग की फितरत कह लें
यह कह देना
कि झोंपड़ियों में फैला सच
कोई चीज नहीं
कितना सच है ?
आपके मानने या न मानने से
सच को कोई फर्क नहीं पड़ता ।

दो और दो तीन

मैं सिद्ध कर सकता हूँ—
कि दो और दो तीन होते हैं
वर्तमान मिथिहास होता है
इंसानी शक्ल चमचे-जैसी होती है

आप जानते हैं—
अदालतों, बसअड्डों और पार्कों में
सौ-सौ के नोट घूमते फिरते हैं
जो डायरियाँ लिखते, चित्र खींचते
और रिपोर्टें भरते हैं
कानून-रक्षाकेंद्र में
बेटे को माँ पर चढ़ाया जाता है
खेतों में 'डाकू' दिहाड़ी पर काम करते हैं
माँगें माने जाने की घोषणा
बमों से की जाती है
अपने लोगों से प्यार का अर्थ
'दुश्मन देश' का एजेंट होना होता है
और ज्यादा से ज्यादा गद्दारी का तमगा
बड़े से बड़ा रुतबा हो सकता है
तो—
दो और दो तीन भी हो सकते हैं
वर्तगान मिथिहास हो सकता है
इंसानी शक्ल चमचे-जैसी भी हो सकती है।

मेरी माँ की आँखें

जब एक लड़की ने मुझसे कहा—
        मैं बहुत सुंदर हूँ
तो मुझे उसकी आँखों में दोष लगा था
        मेरी जानिब तो वे सुंदर थे
जो मेरे गाँव में वोट माँगने
या उद्घाटन की रस्म के लिए आते हैं

एक दिन
जट्टू की दुकान से मुझे सूँघ मिली
कि उनके सिर का सुनहरी ताज चोरी का है...
        मैंने उसी दिन गाँव छोड़ दिया
मेरा विश्वास था कि यदि ताजोंवाले चोर हैं
        तो फिर सुंदर कोई और हैं...

शहरों में जगह-जगह मैंने असुंदरता देखी
प्रकाशन-गृहों में, कॉफी हाऊसों में
        दफ्तरों और थानों में—
और मैंने देखा, असुंदरता की यह नदी
दिल्ली के गोल पर्वत से रिसती है
और उस गोल पर्वत में सुराख करने के लिए
        मैं असुंदरता में घुसा
        असुंदरता के साथ लड़ा
और कई लहू-लुहान वर्षों में से गुजरा
और अब मैं चेहरे पर युद्ध के निशान लेकर

दो पल के लिए गाँव आया हूँ
और वही चालीस वर्ष की लड़की
अपने लाल को बदसूरत कहती है
और मुझे फिर उसकी आँखों में दोष लगता है।

यह कैसी मुहब्बत है दोस्तो

सघन बदबू में दीवारों पर लगी काई
और छत पर लगा मकड़ी का जाला देखकर
प्रेमिका का चेहरा बहुत याद आता है
यह कैसी मुहब्बत है दोस्तो ?
कवि कातिल हैं, किसान डाकू हैं
ताज़ीराते हिंद का फरमान है—
गेहूँ खेतों में सड़ने दें
नज्में इतिहास न बन पाएँ
शब्दों का गला घोंट दो
कल तक यह दलील बहुत दिलचस्प थी
इस तीन रंग की जिल्द पर
नया कागज चढ़ा लें—
लेकिन एवरेस्ट पर चढ़ना
मुझे अब दिलचस्प नहीं लगता
मैं हालात से समझौता कर
साँस घसीटना नहीं चाहता
मेरे यारो !
मुझे इस कत्लेआम में शामिल हो जाने दो

जब बगावत खौलती है

अँधेरी, काली अँधेरी रातों में
जब एक पल दूसरे पल से सहमता है, सिहरता है
चौबारों की रोशनी तब,
खिड़कियों से कूदकर आत्महत्या कर लेती है
इन शांत रातों के गर्भ में
जब बगावत खौलती है,
रोशनी, बेरोशनी भी कत्ल हो सकता हूँ मैं।

अब मेरा हक बनता है

मैंने टिकट खरीदकर
आपके लोकतंत्र का नाटक देखा है
अब तो मेरा प्रेक्षागृह में बैठकर
हाय-हाय करने और चीखें मारने का
हक बनता है
आपने भी टिकट देते समय
टके तक की छूट नहीं दी
और मैं भी अपनी पसंद की बाज़ू पकड़
गद्दे फाड़ दूँगा
और पर्दे जला डालूँगा।

समय कोई कुत्ता नहीं

फ्रंटियर न सही, ट्रिब्यून पढ़ें
कलकत्ता नहीं, ढाका की बात करें
आर्गेनाइजर और पंजाब केसरी
की कतरनें लाएँ
और मुझे बताएँ
यह चीलें किधर जा रही हैं ?
कौन मरा है ?
समय कोई कुत्ता नहीं
कि जंजीर पकड़कर जिधर चाहे खींच लें
आप कहते हैं
माओ यह कहता है, माओ वह कहता है
मैं पूछता हूँ, माओ कौन है कहनेवाला ?
शब्द बंधक नहीं हैं
समय खुद बात करता है
पल गूँगे नहीं हैं

आप बैठें रैंबल में
या प्याला चाय का रेहड़ी से पिएँ
सच बोलें या झूठ—
कोई फर्क नहीं पड़ता
चाहे चुप की लाश भी छलाँग से लाँघ जाएँ
और ऐ हकूमत !
अपनी पुलिस से पूछकर यह बता
कि सींखचों के भीतर मैं कैद हूँ

या सींखचों के बाहर यह सिपाही ?
सच ए. आई. आर.[1] की रखैल नहीं
समय कोई कुत्ता नहीं ।

1. ऑल इंडिया रेडियो।

देशभक्त

(प्यारे चंदन को समर्पित)

एक अफ्रीकी सिर
चेग्वेरा को नमस्कार करता है
आरती कहीं भी उतारी जा सकती है...
अंतरिक्ष में...पृथ्वी पर
क्यूबा में...बंगाल में
समय स्वतंत्र रूप में कोई चीज नहीं
समय को अर्थ देने के लिए
पल जिए जाते हैं, वर्ष बिताए जाते हैं...
भिवंडी और श्रीकाकुलम् में फर्क समझा जाता है
मैं सूर्य से मुकरा, घास से मुकरा
कुर्सी से, मेज से
और इसीलिए मैंने लॉन की धूप में बैठकर
चाय नहीं पी
बंद कमरे की दीवारों पर फायर किए हैं

– – – – – –

यह भारत है–
जो छोटे-से ग्लोब पर एशिया की पूँछ बनकर
लटका है
जिसकी शक्ल पतंगे जैसी है
और जो पतंगे की तरह जल जाने के लिए व्याकुल है
और यह पंजाब है–
जहाँ न कोमल दूब बिछी है

न फूलों-भरे वृक्ष
चैत आता है, लेकिन उसका रंग शोख नहीं होता…
उदास शामों के साथ टकराकर
जिंदगी का सच कई बार गुजरा है
लेकिन हर बार सहनशीलता का मुखौटा पहनने से पहले
मैं हर दिशा के क्षितिज के साथ टकरा गया हूँ
चाँद जब गोवा के रंगीन तटों पर
या कश्मीर की जीवत वादी में
चारों ओर सुस्ताया पड़ा होता है
तब वें पल होते हैं
जब मैं ऊँचे हिमालयवाली
अपनी पितृभूमि पर बहुत मान करता हूँ
जिसने हम पहाड़ी पत्थरों-जैसे अनगिन लोगों को पैदा किया
और पत्थरों की तरह ही जीने के लिए छोड़ दिया
और तब मुझे वह ढिठाई
जिसका नाम जिंदगी है
रूठी हुई प्रेमिका की तरह प्यारी लगती है
और मुझे लाज आती है
कि मैं घोंघे की तरह बंद हूँ
जबकि मुझे अमीबा की तरह फैलना चाहिए।

वक्त आ गया है

अब वक्त आ गया है
कि आपसी रिश्ते का इकबाल करें
और विचारों की लड़ाई
मच्छरदानी से बाहर निकलकर लड़ें
और प्रत्येक गिले की शर्म
सामने होकर झेलें

वक्त आ गया है
कि अब उस लड़की को
जो प्रेमिका बनने से पहले ही
पत्नी बन गई, बहन कह दें
लहू के रिश्ते का व्याकरण बदलें
और मित्रों की नई पहचान करें
अपनी-अपनी रक्त की नदी को तैरकर पार करें
सूर्य को बदनामी से बचाने के लिए
हो सके तो रात-भर
खुद जलें।

मैं कहता हूँ

बहुत-से लोग कहते हैं—
बड़ा कुछ और कहने को है
बहुत कुछ आगे तय करने को है
जैसे बात शब्दों के साथ नहीं कही जाती
जैसे बाट कदमों के साथ खप नहीं जाती
बहुत-से लोग कहते हैं—
अब कहने के लिए कुछ भी बाकी नहीं
तय करने के लिए कुछ भी बचा नहीं
जैसे शब्द नपुंसक हो गए हों
जैसे कदम बाँझ हो गए हों
तो मैं कहता हूँ
सफर की, इतिहास की बात न करो
मुझे अगला कदम रखने के लिए जमीन दो।

खुला खत

प्रेमिकाओं को पत्र लिखनेवालो !
यदि आपकी कलम की नोंक बाँझ है
तो कागजों का गर्भपात न करो
सितारों की ओर देख क्रांति लाने की
सलाह देनेवालो !
क्रांति जब आएगी
आपको भी तारे दिखा देगी
बंदूकोंवालो !
या तो बंदूकों का मुँह दुश्मन की ओर कर दो
या फिर खुद अपनी ओर
क्रांति कोई दावत नहीं, नुमायश नहीं
मैदान में बहती नदी नहीं
वर्गों की, रुचियों की दरिंदगी भरी भिड़ंत है
मारना है, मरना है
और मौत को खत्म करना है

आज वारिस शाह की लाश
कँटीली नागफनी बनकर
समाज के बदन पर उग आई है—
उससे कहो कि
यह युग वारिस का युग नहीं
वियतनाम का युग है
हर क्षेत्र में
हकों के संग्राम का युग है ।

कागजी शेरों के नाम

आप उत्तर हैं न दक्षिण
तीर न तलवार
और यह जो सीलनवाली कच्ची दीवार है
आप इसके भीतर के दो सूराख हैं
जिनमें से दीवार के पीछे का शैतान
अपना डिफेंस देखता है…
आप गेहूँ की कटाई में
गिरे हुए चने हैं
और मिट्टी ने आपका भी हिसाब करना है
हमारे लिए तो आप एक ठोकर भी नहीं
शायद
आपको अपने अस्तित्व का कुछ भ्रम है
मैं बताता हूँ कि आप क्या हैं ?
आप कीकर के बीज हैं
या टूटी हुई टोकरी
जो कुछ भी उठाने में अक्षम है
आप यह एयरगन
कंधे पर लटकाए फिरते हैं
आप कत्ल नहीं कर सकते
सिर्फ सात-इक्यावन के मुद्दई हो सकते हैं।

कातिल

यह भी सिद्ध हो चुका है कि
इंसानी शक्ल सिर्फ चमचे-जैसी ही नहीं होती
बल्कि दोनों तलवारें पकड़े लाल आँखोंवाली
कुछ मूर्तियाँ भी मोम की होती हैं
जिन्हें हल्का-सा सेंक देकर भी कोई
जैसे साँचे में चाहे ढाल सकता है

लेकिन गद्दारी की सजा तो सिर्फ एक ही होती है

मैं रोनेवाला नहीं, कवि हूँ
किस तरह चुप रह सकता हूँ
मैं कब मुकरता हूँ कि मैं कत्ल नहीं करता
मैं कातिल हूँ उनका जो इंसानियत को कत्ल करते हैं
हक को कत्ल करते हैं
सच को कत्ल करते हैं
देखो, इंजीनियरो ! डाक्टरो ! अध्यापको !
अपने छिले हुए घुटनों को देखो
जो कुछ सफेद या नीली दहलीजों पर
टेकने से छिले हैं
अपने चेहरे की ओर देखो
जो केवल एक याचना का चिह्न है
हर छिमाही दफ्तरों में रोटी के लिए
गिड़गिड़ाता बिंब !
हम भिखारियों की कोई सुधरी हुई किस्म हैं
लेकिन फिर भी हर दर से हमें दुत्कार दिया जाता है

अपनी ही नजरों को अपनी आँखों से मिलाओ
और देखो, क्या यह सामना कर सकती हैं ?
मुझे देशद्रोही भी कहा जा सकता है
लेकिन मैं सच कहता हूँ, यह देश अभी मेरा नहीं है
यहाँ के जवानों या किसानों का नहीं है
यह तो केवल कुछ ही 'आदमियों' का है
और हम अभी आदमी नहीं हैं, बड़े निरीह पशु हैं
हमारे जिस्म में जोंकों ने नहीं
पालतू मगरमच्छों ने गहरे दाँत गड़ाए हैं
उठो, अपने घर के धुओं !
खाली चूल्हों की ओर देखकर उठो
उठो काम करनेवाले मजदूरो, उठो !

खेमों पर लाल झंडे लहराकर
बैठने से कुछ न होगा
इन्हें अपने रक्त की रंगत दो
(हड़तालें तो मोर्चे के लिए सिर्फ कसरत होती हैं)
उठो मेरे बच्चो, विद्यार्थियो, जवानो, उठो !
देखो मैं अभी मरा नहीं हूँ
यह एक अलग बात है कि मुझे और मेरे एक बच्चे को
जो आपका भी भाई था
हक के एवज में एक जरनैली सड़क[1] के किनारे
गोलियों के पुरस्कार से पुरस्कृत किया गया है
आपने भी यह 'बड़ी भारी
पुलिस मुठभेड़' पढ़ी होगी
और आपने देखा है कि राजनीतिक दल
दूर-दूर से मरियल कुत्ते की तरह
पल दो पल न्यायिक जाँच के लिए भौंके
और यहाँ का कानून सिक्के का है
जो सिर्फ आग से ही ढल सकता है
भौंकने से नहीं

1. जी. टी. रोड।

क्यों झिझकते हो, आओ उठें···
मेरी ओर देखो, मैं अभी जिंदा हूँ
        लहरों की तरह बढ़ें
इन मगरमच्छों के दाँत तोड़ डालें
        लौट जाएँ
फिर उठें, और जो इन मगरमच्छों की रक्षा करता है
        हुक्म देने के लिए
उस पिलपिले चेहरे का मुँह खुलने से पहले
        उसमें बंदूक की नाली ठोंक दे !

अर्थों का अपमान

आपने जानबूझकर अर्थों का अपमान किया है
आवारा शब्दों का इल्जाम
अब किसे देंगे ?
मुझसे यह वृक्ष पूछते हैं
कि उस सूरज को क्या कहें
जोकि गर्म न हो
जिसका रंग लाल न हो !
मैं वृक्षों की ओर देखता हूँ
हवा के रंग गिनता हूँ
और ऋतु का माप लेता हूँ
और मुझसे फिर सूरज को निर्दोष नहीं कहा जाता
मैं सूरज के लिए
गुस्ताख शब्दों को स्वयंवर में बिठाता हूँ
आप समझेंगे
मैंने चोटी पर खड़े हो खड्ड में छलाँग लगाई है
असल बात दूसरी है
मैंने तो खड्डों के अर्थ बदले हैं
हवा को पींग माना है
और पर्वत को और ऊँची छलाँग लगाने की जगह माना है
मैंने आपके लिए आत्महत्या के अर्थ बदले हैं
मेरे साथी,
आपके लिए जिंदगी के अर्थ बदलेंगे
आपने 'गर मरते वक्त
जिंदगी को जान भी लिया

आपको कौन मानेगा ?
आपको कौन छोड़ेगा
जिन्होंने जानबूझकर
अर्थों का अपमान किया है ।

आप हैरान न हों

आप हैरान होते हैं
और मुझसे मेरी दृढ़ता की वजह पूछते हैं?
मेरा अब कहना नहीं बनता—
भला क्यों कोई मरुस्थलों में जलता है
और किसलिए तेसा पकड़कर
पर्वतों से नहर निकालता है?
आप बेखौफ़ होकर आएँ
और एक बेवफा प्रेमिका की तरह
मुहब्बत का हमें अंजाम दे जाएँ
देखो—आपके 'दिलफरेब' हुस्न को निहारते
मैंने 216 घंटे जागकर बिताए हैं
और बिजली की नंगी तार पर हाथ रखा है
और चाश्नी में लिपटे अंग
चींटियों की बाँबी पर फेंक दिए हैं
आप सोचते होंगे
अब मैं गिड़गिड़ाऊँगा
हम भिखारी नहीं
हमें तो ऐसे ही मर जाने का शौक होता है
हम आँखों में आँखें डालकर देखते हैं
हम प्रेमिका के पैर नहीं पकड़ते
आप हैरान न हों
मेरा तो कहना बनता नहीं
कि अब वह ऋतु आनेवाली है
जिसमें सरफरोशी के वृक्षों पर फूल उगते हैं
आपकी चर्खड़ी के अर्थ भी धुन दिए जाते हैं।

रात से

उदास बाजरा, सिर झुकाए खड़ा है
तारे भी बात नहीं करते
रात को क्या हुआ है…
ऐ रात, तू मेरे लिए उदास न हो
तू मेरी देनदार नहीं
रहने दे, इस तरह न सोच
जुगाली करते पशु कितने चुप हैं
और गाँव की स्निग्ध फिजा कितनी शांत है
रहने दे, रात, तू ऐसे न सोच, तू मेरी आँखों में झाँक
ये उस बाँके यार को अब कभी न देखेंगी
जिसकी आज अखबारों ने बात की है…
रात ! तेरा उस दिन का वह रंग कहाँ है ?
जब वह पहाड़ी चो के जल की तरह
जल्द-जल्द आया था
चाँदनी की लौ में पहले हम पढ़े
फिर चोरों की तरह बहस की
और फिर झगड़ पड़े थे
रात ! तू तब तो खुश थी
जब हम लड़ते थे
तू अब क्यों उदास है
जब हम बिछड़ गए हैं
रात, तुझे जानेवाले की कसम
तेरा यों उदास होना बनता नहीं है
मैं तेरा देनदार हूँ

तू मेरी देनदार नहीं
रात, तू मुझे बधाई दे
मैं इन खेतों को बधाई देता हूँ
खेतों को सब पता है
आदमी का लहू कहाँ गिरता है
और लहू का मोल क्या होता है
यह खेत सब जानते हैं
इसलिए ऐ रात !
तू मेरी आँखों में देख
और मैं भविष्य की आँखों में देखता हूँ।

प्रतिज्ञा

आपको हमेशा पता होता है
आप किस दरवाजे से धकेलकर आ घुसेंगे
और आओ, आपको वह दरवाजा बताएँ
जहाँ आप अफरातफरी मचानेवालों को
हम दफा करनेवाले हैं—
आपने जो कथा पत्थर-युग से अपोलो-युग तक
बेरोक कही है—चाहे-अनचाहे
हमने हुकारा भरा है
और अब हम पत्थर-युग से ही उठकर
अपनी कथा कहने लगे हैं—
'आप' जिसके आदी हो—
यह सपनों से भरी वह रात नहीं
यह रात अँधेरे का कत्ल करके आई
पूरब की ओर चली जाती एक वहशी लड़की है
और देखो! हम इस लड़की का
लिंग बदलने लगे हैं
यह यारी वह यारी नहीं
जिसे आप सदियों से निभाते आए हैं
इससे हम
आपके अंतस का दंभ मापेंगे
और जो बुत हम
शहर के चौक में लगाने चले हैं
वह प्रेमसिंह का भाई खेमसिंह नहीं

न यह गंगाराम है, न यमुनादास
यह तो वह बुत है
जिसे अपनी समझ में आप
रोज कत्ल करते हैं...

अंत में

हमें पैदा नहीं होना था
हमें लड़ना नहीं था
हमें तो हेमकुंट पर बैठकर
        भक्ति करनी थी
लेकिन जब सतलुज के पानी से भाप उठी
जब काज़ी नज़रुल इस्लाम की जबान रुकी
जब लड़कों के पास देखा 'जेम्स बांड'
तो मैं कह उठा, चल भाई संत (संधू)[1]
नीचे धरती पर चलें
पापों का बोझ तो बढ़ता जाता है
और अब हम आए हैं
यह लो हमारा ज़फ़रनामा
हमारे हिस्से की कटार हमें दे दो
हमारा पेट हाजिर है···

1. पाश के कवि मित्र।

'उड्डदे बाजाँ मगर' (1974) से

उड़ते हुए बाजों के पीछे

उड़ गए हैं बाज चोंचों में लेकर
हमारी चैन से एक पल बिता सकने की खाहिश
दोस्तो, अब चला जाए
उड़ते हुए बाजों के पीछे···

यहाँ तो पता नहीं कब आ धमकें
लाल पगड़ियोंवाले आलोचक
और शुरू कर दें
कविता की दाद देनी
इससे पहले
कि फैल जाए थाने की रोज फैलती इमारत
तुम्हारे गाँव, तुम्हारे परिवार तक
और संलग्न हो जाए
आत्मसम्मान का काँपता हुआ पृष्ठ
उस छुरी मुखवाले मुंशी के रोजनामचे में–
दोस्तो, अब चला जाए
उड़ते हुए बाजों के पीछे···

यह तो सारी उम्र न उतरेगा
बहनों के ब्याहों पर उठाया कर्ज
खेतों में छिड़के खून का
हर कतरा भी इकट्ठा कर
इतना रंग न बनेगा
कि चित्रित कर लेंगे, एक शांत

मुस्कराते हुए इंसान का चेहरा
और फिर
जिंदगी की पूरी रातें भी गिनते चलें
सितारों की गिनती न हो पाएगी
क्योंकि हो नहीं सकेगा यह सब
फिर दोस्तो, अब चला जाए
उड़ते हुए बाजों के पीछे...

यदि आपने महसूस की हो
गंड[1] में जम रहे गर्म गुड़ की महक
और देखा हो
जोती हुई गीली जमीन का
चाँद की चाँदनी में चमकना
तो आप सब जरूर कुछ इंतजाम करो
लपलपाते उस मतपत्र का
जो लार टपका रहा है
हमारे कुओं की हरियाली पर
जिन्होंने देखे हैं
छतों पर सूखते सुनहरे भुट्टे
और नहीं देखे
मंडियों में सूखते दाम
वे कभी न समझ पाएँगे
कि कैसे दुश्मनी है
दिल्ली की उस हुक्मरान औरत की
नंगे पाँवोंवाली गाँव की उस सुंदर लड़की
सुरंग-जैसी जिंदगी में चलते हुए
जब लौट आती है
अपनी आवाज खुद के ही पास
और आँखों में चुभते रहते
बूढ़े बैल के उचड़े कानों-जैसे सपने
जब चिमट जाए गलियों का कीचड़

---

1. गुड़ जमाने की कड़ाही या चाक।

उम्र के सबसे हसीन सालों से
तो करने को बस यही बचता है
कि चला जाए
उडते हुए बाजों के पीछे···

बाडर (बार्डर)

(**मोगा गोलीकांड**[1] को समर्पित)

भर जाएँगे अब धूल से कस्बों के सिर
घूमेंगे ट्रक बी. एस. एफ़. के
पली हुई जुँओं की तरह…
इस बार नहीं आएगी सतवर्ग के फूलों पर खिलने की रुत

कुचला गया घास तड़पेगा
कालेजों के आँगनों में
रात-दिन पवन को भ्रष्ट करेगी
थाने में लगी वायरलेस…

दरअस्ल
यहाँ हर जगह पर एक बाडर है
जहाँ हमारे हक खत्म होते हैं
और प्रतिष्ठित लोगों के शुरू होते हैं
और हम हर तरह आजाद हैं इस पार—
गालियाँ निकालने के लिए
मुक्के लहराने के लिए
चुनाव लड़ने के लिए
सतवर्गों की मुस्कान चूमने के लिए
कोई बंदिश नहीं इस पार
और इससे आगे है—
कस्बों में उड़ती हुई धूल
पली हुई जुँओं की तरह
रेंगते ट्रक बी.एस.एफ. के।

---

1. 5 अक्तूबर, 1972 को मोगा में छात्र-प्रदर्शन पर पुलिस की गोलीबारी से कुछ विद्यार्थी शहीद हुए थे।

जेल

उन्हें रहा एक भ्रम
कि ताले बंद कर देंगे
गुस्ताख पलों का अशरीरी अस्तित्व
दीवारें खड़ी कर देंगे सड़कों के सीने पर

रोशनी के कई साल बादलों के संग-संग चले
ऋतु के बाद ऋतु को कोई रोक न पाया
सिर्फ छतों पर झूलता रहा
दु:ख उन पलों का
'जिन्हें तीरों की नोक पर पलना था।'

आसमान का टुकड़ा

मेरी तो जान है आसमान का वह टुकड़ा
जो रोशनदान में से झाँक पड़ता है
सख्त दीवारों और सींखचों का भी लिहाज नहीं रखता

वे तो चाहते हैं
कि मैं इस टुकड़े के सहारे ही जिऊँ
और फिर कहते क्यों नहीं इससे
कि वहीं जम जाए, नए-नए रंग न बदले--
देखो यह टुकड़ा हर पल रंगत बदलता है
इसके हर रंग के साथ लगा है ऋतुओं का सौंदर्य
जरा पूछ देखो इस टुकड़े से, मौसम से न बँधे
फेंक दे यह अपनी देह से
ऋतुओं की परछाइयाँ
यह टुकड़ा तो अपने कंधों पर
पूरा आसमान ही उठाए फिरता है···

—जेल से

जन्मदिन

वर्षों के कंधों पर हाथ रखकर
चलती रही जन्म लेने की लालसा
उन्नीस कदम चलकर भी मुझे
जन्म लेने का सामान न मिला
सिर्फ अक्षरों के बोझ
नामों का सफर किया—

एक नाम था मेरी माँ का एक पिता का
कुछ नाम दोस्तों के थे
कुछ शहरों के और कुछ सड़कों के
यह सभी नाम 'र' से शुरू होते हैं
जिनसे एक शब्द 'रवायत' बनता था
पर कोई भी नाम जिंदगी नहीं था
जो 'ज' से शुरू होना था
लेकिन जब न जन्मने का एहसास
दर्द बन गया
तो बीसवाँ कदम सामने था
और मुझे 'ज' के बिखरे शब्द-अंगों में संगीत भरना था—
हवा में एटमी धूल थी
और आकाश में आँखें उग आई थीं
शब्दों के 'पुण्य' और 'पाप' का
मेरी कौम कर रही थी सफर
मैंने बाँध लिए सभी नाम
अपनी पीठ पर

और तैरा मशक की तरह
अपने रक्त के सागर में···

जहाँ मेरा बीसवाँ कदम खत्म होता था
वहाँ 'जेल' थी—
और इस तरह 'इक्कीसवें' वर्ष की दहलीज
मैंने 'ज' के वजन से पार की है
जिससे एक शब्द 'जन्म' बनता है
और एक 'जीवन'
और बीस के बीस वर्ष
इस नवजात मनुष्य को
गोदी में ले लोरी गाते हैं
और साथ ही घुल जाता है
कैदी साथियों का बेड़ियाँ खनकाकर गाया
'जन्मदिन मुबारक' का गीत···

—जेल से

दान

आपने मुझे दिया है सिर्फ एक कमरा
स्थिर और बंद
मापना तो मुझे है
कि इसमें कितने कदमों से
मील बनता है
कितने मील चलकर दीवार दीवार नहीं रहती
और सफर के अर्थ शुरू होते हैं···

आपने मुझे कुछ हक दिए हैं–
घर से जलावतनी का
रोटी के लिए मिट्टी होने का
महबूब के गम में आँखें खोने का
और मौत के भयानक कोहरे में गुम हो जाने का
लेकिन एक हक और होता है
जो दिया नहीं, सिर्फ छीना जाता है···

आपके पास वायदों का समुद्र
मेरे डूबने के लिए
जिसमें तैरती हैं
सुनहरी सपनों की मछलियाँ
लेकिन उपलब्धि का किनारा ओझल होने से पहले
मैंने पकड़ लिया है बेवफाई का चप्पू
और अब आपके पास बचा है
मुझे देने के लिए सिर्फ एक पुरस्कार–

मौत
और वह भी बड़े दानवीरो !
आपका स्वयं रखने को जी चाहता है !

—*जेल से*

मेरे पास

मेरे पास बहुत कुछ है
शाम है—बौछारों से भीगी हुई
जिंदगी है—नूर में दहकती हुई
और मैं हूँ—'हम' के झुरमुट में घिरा हुआ
मुझसे और क्या छीनेंगे
शाम को किसी दूर-दराज की कोठरी में बंद करेंगे ?
जिंदगी से जिंदगी को कुचल देंगे ?
'हम' में से 'मैं' को निथार लेंगे ?
जिसे आप मेरा 'कुछ नहीं' कहते हैं
उसमें आपकी मौत का सामान है
मेरे पास बहुत कुछ है
मेरे उस 'कुछ नहीं' में बहुत कुछ है ।

—जेल से

सफर

पुराने कैलेंडर में फेंक दिया है
मैंने चाहत की सधी हुई उँगलियों का जाल
अतीत के सागर से निकाल लाऊँगा
कोई ठहरा हुआ समय
और उसे अपने आज के हुजूर में पेश कर
दुत्कार दूँगा

जिन पलों में महबूब का हुस्न
मैंने खेतों में बिखरा दिया था
उन्हीं के मान से
अब खेतों से निष्ठा का वर माँगूँगा
और शहादत की सदासुहागिन सड़क को
अपने कुँवारे कदमों की ताल दूँगा

मेरी आहों में है सीलन भरी हवाओं की गंध
मेरे माथे पर है पतझड़ का उदास रंग
और मेरी बाँहों में है समय का सच
मैं अपने दिल में भरना चाहता हूँ
बहारों के उमड़ते अनगिनत गीत···

मुझे पता है
पराक्रम नहीं होते यह पैतृक कर्तव्य
यह कोई एहसान नहीं किसी पर
कि मैं किस मौसम में ग़ालिब के शेर
फर्श पर मसल आया हूँ

मेरा भी दिल है
रूठों को मनाने का
मित्तर-प्यारे को दिल की बात सुनाने का
मोचियाने पोखर पर बैठ बाँसुरी बजाने का
और मासूम गीतों को वक्त-बेवक्त सलाम कहने का

मैं अपने दिल को
खारे कुएँ के पीपल पर टाँग आया हूँ
और मेरे भीतर की जेब में चुभती है
वसंत की सौगंध

यह सफर कहाँ शुरू होता है
या सफर-धूल के कितने रंग होते हैं
या कोई और प्रश्न
आप किसी अफलातून से पूछ आएँ
मैं एक अ-सभ्य मुसाफिर
केवल यही कह सकता हूँ
कि विदाई का कोई शब्द नहीं होता
जो सफर होता है वह दर्द नहीं होता
मौत कोई मुकाम नहीं होता
और मंजिल का कोई अर्थ नहीं होता।

—जेल से

हाथ

मैं अपने जिस्म को
हाथों में सँभाल सकता हूँ
मेरे हाथ जब महबूब का हाथ माँगते हैं
पकड़ने को तो मैं चाँद भी हाथों में पकड़ना चाहता हूँ

मेरे हाथों को लेकिन
सींखचों का स्पर्श बिना शिकवा मुबारक है
साथ ही कोठरी कें इस अँधेरे में
मेरे हाथ, हाथ नहीं होते
सिर्फ थप्पड़ होते हैं···

हाथ मिलाने पर पाबंदी सिसकती रह जाती है
जब अचानक कोई साथी सामने आता है
हाथ खुद-ब-खुद
मुक्का बनकर लहराने लगते हैं···

दिन हाथ खींचता है
तो रात हाथ बढ़ाती है
कोई हाथ छीन नहीं सकता इन हाथों का सिलसिला
या कभी दरवाजों की पाँचों की पाँच सलाखें
बन जाते हैं कोई बड़े प्यारे हाथ—

एक हाथ मेरे गाँव के बुजुर्ग तुलसी का
जिसकी उँगलियाँ
वर्षों को गूँथ-गूँथकर थीं इतनी थकी
कि मुझे पढ़ाते हुए

उर्दू के पहले सबक
बन जाता था उससे अलिफ का 'त'…

एक हाथ जगीरी दर्जी का
जो जब भी मुझे जाँघिया सिलकर देता
तो लेता था पारिश्रमिक
मेरे कान मरोड़ने में
और यह जानते हुए भी कि मैं उलट करने से
बाज नहीं आऊँगा
नसीहत देता था—
पशुओं के साथ पोखर में न घुसा कर
बचकाने खेल खेलने से बाज आएगा या नहीं ?

एक हाथ प्यारे नाई का
जो काटते हुए मेरे केश
डरता रहता था मेरे सिख घरवालों से…

एक हाथ मरो दाई का
जिसके हाथ में था कोई रिकार्ड
जो सदा राग गाता था—
'जीते-जागते रहो बेटे !'

और एक हाथ दरसू दिहाड़िए का
जिसने पी ली आधी सदी
रखकर हुक्के की चिलम में…

मुझसे कोई छीन नहीं सकता
इन हाथों का सिलसिला
हाथ जेबों में हों या बाहर
हथकड़ी में हों या बंदूक के कुंदे पर
हाथ, हाथ होते हैं
और हाथों का एक धर्म होता है

हाथ यदि हों तो
जोड़ने के लिए ही नहीं होते
न दुश्मन के सामने खड़े करने के लिए ही होते हैं
यह गर्दनें मरोड़ने के लिए भी होते हैं
हाथ यदि हों तो
हीर[1] के हाथ से चूरी पकड़ने के लिए ही नहीं होते
सैदे[2] की बारात रोकने के लिए भी होते हैं
कैदो[3] की कमर तोड़ने के लिए भी होते हैं
हाथ श्रम करने के लिए ही नहीं होते
शोषक हाथों को तोड़ने के लिए भी होते हैं...

जो हाथों का धर्म भंग करते हैं
जो हाथों के सौंदर्य का अपमान करते हैं
वे पंगु होते हैं
हाथ तो होते हैं सहारा देने के लिए
हाथ तो होते हैं हुंकारा भरने के लिए।

—जेल से

1. प्रसिद्ध लोक नायिका। 2. हीर का अनचाहा पति। 3. हीर के प्यार का दुश्मन चाचा।

रिहाई : एक प्रभाव

आप जब बाहर आते हैं
तब पुनः घुटनों चलना तो सीखना नहीं पड़ता
जबान तोतली नहीं होती
न माँ के दूध की ही तलब होती है

आप आसमान पर लिखे नामों में
अपना नाम ढूँढते हैं
हवा तसदीक करती है
और पौधे जश्न मनाते हैं—
ऐसे शुरू होता है, जिंदगी का अमल फिर से…
फिर वही संघर्ष की कथा, आत्मा को बहलाने के लिए
फिर वही जनता का जंगल, खो जाने के लिए
फिर वही जीत की उम्मीद…
ऐसे शुरू होता है
जिंदगी का अमल फिर से।

—जेल से

हम लड़ेंगे साथी

हम लड़ेंगे साथी, उदास मौसम के लिए
हम लड़ेंगे साथी, गुलाम इच्छाओं के लिए
हम चुनेंगे साथी, जिंदगी के टुकड़े

हथौड़ा अब भी चलता है, उदास निहाई पर
हल की लीकें अब भी बनती हैं, चीखती धरती पर
यह काम हमारा नहीं बनता, सवाल नाचता है
सवाल के कंधों पर चढ़कर
हम लड़ेंगे साथी

कत्ल हुए जज्बात की कसम खाकर
बुझी हुई नजरों की कसम खाकर
हाथों पर पड़ी गाँठों की कसम खाकर
हम लड़ेंगे साथी

हम लड़ेंगे तब तक
कि बीरू बकरिहा जब तक
बकरियों का पेशाब पीता है
खिले हुए सरसों के फूलों को
बीजनेवाले जब तक खुद नहीं सूँघते
कि सूजी आँखोंवाली
गाँव की अध्यापिका का पति जब तक
जंग से लौट नहीं आता
जब तक पुलिस के सिपाही
अपने ही भाइयों का गला दबाने के लिए विवश हैं

कि बाबू दफ्तरों के
जब तक रक्त से अक्षर लिखते हैं···
हम लड़ेंगे जब तक
दुनिया में लड़ने की जरूरत बाकी है···

जब बंदूक न हुई, तब तलवार होगी
जब तलवार न हुई, लड़ने की लगन होगी
लड़ने का ढंग न हुआ, लड़ने की जरूरत होगी
और हम लड़ेंगे साथी···

हम लड़ेंगे
कि लड़ने के बगैर कुछ भी नहीं मिलता
हम लड़ेंगे
कि अभी तक लड़े क्यों नहीं
हम लड़ेंगे
अपनी सजा कबूलने के लिए
लड़ते हुए मर जानेवालों
की याद जिंदा रखने के लिए
हम लड़ेंगे साथी···

मुझे चाहिएँ कुछ बोल

मुझे चाहिएँ कुछ बोल
जिनका एक गीत बन सके···

छीन लो मुझसे यह भीड़ की टें-टें
जला दो मुझे मेरी कविताओं की धूनी पर
मेरी खोपड़ी पर बेशक खनकाएँ शासन का काला डंडा
लेकिन मुझे दे दें कुछ बोल
जिनका एक गीत बन सके···

मुझे नहीं चाहिएँ अमीन सायानी के डायलॉग
सम्हालें आनंद बख्शी, आप जानें लक्ष्मीकांत
मुझे क्या करना है इंदिरा का भाषण
मुझे तो चाहिएँ कुछ बोल
जिनका एक गीत बन सके···

मेरे मुँह में ठूँस दें यमले जट्ट की तूंबी
मेरे माथे पर घसीट दें टैगोर का नेशनल एंथम
मेरे सीने पर चिपका दें गुलशन नंदा के नावेल

मुझे क्यों पढ़ना है जफरनामा
'गर मुझे मिल जाएँ कुछ बोल
जिनका एक गीत बन सके···

मेरी पीठ पर लाद दें वाजपेयी का बोझिल बदन
मेरी गर्दन में डाल दें हेमंत बसु की लाश
मेरी···में दे दें लाला जगतनारायण का सिर

चलो, मैं माओ का नाम भी नहीं लेता
लेकिन मुझे दें तो सही कुछ बोल
जिनका एक गीत बन सके···

मुझे पेन में स्याही न भरने दें
मैं अपनी 'लौह कथा'[1] भी जला देता हूँ
मैं 'चंदन'[2] से भी कट्टी कर लेता हूँ
'गर मुझे दे दें कुछ बोल
जिनका एक गीत बन सके···

यह गीत मुझे उन गूँगों को देना है
जिन्हें गीतों की कद्र है
लेकिन जिनका आपके हिसाब से गाना नहीं बनता
'गर आपके पास नहीं है कोई बोल, कोई गीत
मुझे बकने दें मैं जो बकता हूँ।

---

1. कवि का प्रथम कविता-संग्रह। 2. प्रसिद्ध पंजाबी कवि अमरजीत चंदन।

संविधान

यह पुस्तक मंर चुकी है
इसे न पढ़ें
इसके शब्दों में मौत की ठंडक है
और एक-एक पृष्ठ
जिंदगी के आखिरी पल जैसा भयानक
यह पुस्तक जब बनी थी
तो मैं एक पशु था
सोया हुआ पशु...
और जब मैं जगा
तो मेरे इंसान बनने तक
यह पुस्तक मर चुकी थी
अब यदि इस पुस्तक को पढ़ोगे
तो पशु बन जाओगे
सोए हुए पशु।

युद्ध : कुछ प्रभाव

1.

झूठ बोलते हैं
ये जहाज, बच्चो !
इनका सच न मानना
तुम खेलते रहो
घर बनाने का खेल...

2.

ठंडा चाँद देख रहा बिटर-बिटर
कोहरे में उतर रही हवाई छतरी
डोरियों में फँसी हुई लाश
आओ देखो
उन्होंने कीमत डाली है
पौष की चाँदनी की
आओ देखो—
उनके काम आई है
गरीब की जवानी...

3.

रेडियो से कहो
कसम खाकर तो कहे
धरती 'गर माँ होती है तो किसकी ?
यह पाकिस्तानियों की क्या हुई ?
और भारतवालों की क्या लगी ?

4.

चोरो, ओ चोरो
अपनी लूट बाँटने के लिए
कहीं बाहर जाकर लड़ो
जाग ही न उठें कहीं घरवाले
सुना है
बुरी होती है भीड़ की पिटाई…

5.

वे रेडियो नहीं सुनते
अखबार नहीं पढ़ते
जहाज खेतों में ही दे जाते हैं खबर सार
हल को मुट्ठी में कसकर
वे केवल हँस देते हैं
क्योंकि वे समझते हैं
कि हल की फाल पगली नहीं
पगली तो तोप होती है
हम अँधेरे कोनों में
गुमसुम बैठे सोच रहे हैं
और पल-भर में चाँद उगेगा
भुरभुरा-सा
लुटा-लुटा-सा
तो बच्चों को बताएँगे
इस तरह का चाँद होता है ?

उम्र

वे सो ही जाएँगे आखिर
रात को जागती हुई छोड़कर
चाँदनी थिरक उठेगी
ओस भींगी धरती पर
रात लुढ़कती जाएगी
सपनों की पहाड़ी से…

जब नजरें छिपाएँगे
बिस्तर शर्म के मारे
हथेली से फिसल जाएगा
गुलाबी फूल प्रभात का…

वे मेरे गीत लेकर फिर
अपना हुनर पा लेंगे
समय की ओट में
उनके चेहरे बीतते जाते
वे रोज फिक्रों के धक्के से रेंगते जाते…

संकट के पल

ऐ संकट के पल ! .
मैं चला हूँ उँगलियों में पकड़कर
अपने अनंत के अनछुए टुकड़े
तुम्हारे वर्तमान के छल्ले से गुजारने के लिए
तुम्हारे नाम में से तुम्हें पैदा करने के लिए···

ऐ संकट के पल !
यहाँ एक नदी है आवाजों की
जिसमें मेरी कविताएँ डूब गईं
तुम्हारा और मेरा सांझा अतीत गल गया है
एक कागज की नाव की तरह···

ऐ संकट के पल !
यहाँ खुश्क धूल उड़ती है वीरान रास्तों पर
और धूल में उड़ जाते हैं
उम्र के वर्ष
अंतरिक्ष में लकीर न तुम डाल सकोगे, न मैं
और अपना यही रिश्ता है
लेकिन मुझे महसूस करने दो तुम
अपने जिस्म में हो रही इतिहास की पीड़ा
मेरी खुरदुरी हथेली पर
तुम अपना 'कुछ नहीं' रख दो
मैं तुम्हारे लटकते धड़ को
यह अपने पाँव भेंट करता हूँ···

ऐ संकट के पल !
आज दरवाजे पर बंदनवार बाँधो
मैं तुम्हारी चुप को सुनने आया हूँ
तुम्हारे शून्य को जीने आया हूँ।

इंतजार

नहीं, यह बात तो कभी न होगी
कि तारे ही बहला देंगे महबूब का दिल
हो सकता है
रातों का जहर कम हो जाए
जब अँधेरा जीता जा चुका होगा…
फिर शायद सिगरेट से अंतस को झुलसाने की
जरूरत न रहे
शायद आवारगी की जिल्लत कम हो जाए
खत्म हो जाए बेचारगी का दर्द…
शायद उम्र के सफे पर
गलतियाँ लगाने की मुश्किल, इतनी गहरी न रहे
हो सकता है
नफरत में भागने का संकट न रहे
और अपने चेहरे को पहचानकर
अपना कह सकने की शर्म न रहे…

इंतजार तो शायद
कभी भी खत्म न हो।

बस कुछ पल और

बस कुछ पल और
तेरे चेहरे की याद में
बाकी तो सारी उम्र
अपने ही नक्श खोजने से फुरसत न मिलेगी

बस कुछ पल और
यह सितारों का गीत
फिर तो आसमान की चुप
सबकुछ निगल ही जाएगी···

देख, कुछ पल और
चाँद की चाँदनी में चमकती
यह तीतरपंखी बदली
शायद मरुस्थल ही बन जाए
ये सोए हुए मकान
शायद अचानक उठकर
जंगल की ओर ही चल पड़ें···

कल

सच
मेरी जीभ पर जल रहा है प्रिये
मुट्ठी-भर झूठ का सहारा दे दो
कि मैं तुम्हें प्यार कर लूँ

चलो, आज रात
हवा की और जिस्मों की मुँहरखाई[1] ही सही
कल
मैं इस दर्द को कह लूँगा
कल
तुम इसे गलती कह लेना···

1. बात रखना।

तुझसे

तुझसे दिल का सच कहना
दिल की बेअदबी है
सच की बेअदबी है
तुझसे गिला करना इश्क की हेठी है
जा, तू शिकायत के काबिल होकर आ
अभी तो मेरी हर शिकायत से
तेरा क़द बहुत छोटा है

कभी भी गल सकती है
मेरे लहू के दरिया में
अदाओं की यह घिसी हुई किश्ती
किसी भी वक्त
तूफानों की कसम खा सकती है
मेरे दिल की धरती

यह दर्द पथरीला होता है
जिंदगी-जैसा
जिंदगी जो गुलशन नंदा का नावेल नहीं
पहाड़ी सड़क की तरह मुश्किल होती है ।

तूफान कभी मात नहीं खाते

हवा का रुख बदलने से
बहुत उछले, बहुत कूदे
वे जिनके शामियाने डोल चुके थे
उन्होंने ऐलान कर दिया
अब वृक्ष शांत हो गए हैं
अब तूफान का दम टूट गया है—

जैसे कि जानते ही न हों
ऐलानों का तूफानों पर
कोई असर नहीं होता
जैसे कि जानते ही न हों
वह उमस बहुत गहरी थी
जहाँ से तूफान ने जन्म लिया
जैसे कि जानते ही न हों
तूफानों की वजह
वृक्ष ही नहीं होते
वरन वह घुटन होती है
धरती का मुखड़ा जो
धूल में मिलाती है
ओ भ्रमपुत्रो, सुनो
हवा ने दिशा बदली है
हवा बंद हो नहीं सकती

जब तक कि धरती का मुखड़ा
टहक गुलजार नहीं बनता
तुम्हारे शामियाने आज गिरे
कल गिरे
तूफान कभी भी मात नहीं खाते ।

पुलिस के सिपाही से

मैं पीछे छोड़ आया हूँ
समंदर रोती बहनें
किसी अनजान भय से
बाप की हिलती दाढ़ी
और सुखों का वर माँगती
बेहोश होती मासूम ममता को
मेरी खुरली पर बँधे
बेज़ुबान पशुओं को
कोई छाया में न बाँधेगा
कोई पानी न देगा
और मेरे घर में कई दिन
शोक में चूल्हा न जलेगा

सिपाही बता, मैं तुम्हें भी
इतना खतरनाक लगता हूँ?
भाई सच बता, तुम्हें
मेरी छिली हुई चमड़ी
और मेरे मुँह से बहते लहू में
कुछ अपना नहीं लगता?

तुम लाख दुश्मन-कतारों में
बढ़-चढ़कर शेखियाँ बघार लो
तुम्हारे निद्रा-प्यासे नयन
और पथराया माथा

तुम्हारी फटी हुई निक्कर
और उसकी जेब में
तंबाकू की रच गई जहरीली गंध
तुम्हारी चुगली कर रहे हैं
'गर नहीं सांझी तो बस अपनी
यह वर्दी ही नहीं सांझी
लेकिन तुम्हारे परिवार के दुःख
आज भी मेरे साथ सांझे हैं

तुम्हारा बाप भी जब
सिर से चारे का गट्ठर फेंकता है
तो उसकी कसी हुई नसें भी
यही चाहती हैं
बुरे का सिर अब किसी भी क्षण
बस कुचल दिया जाए
तुम्हारे बच्चों को जब भाई
स्कूल का खर्च नहीं मिलता
तो तुम्हारी अर्द्धांगिनी का भी
सीना फट जाता है

तुम्हारी पी हुई रिश्वत
जब तुम्हारा अंतस जलाती है
तो तुम भी
हकूमत की साँस-नली बंद करना चाहते हो
जो कुछ ही वर्षों में खा गई है
तुम्हारी चंदन-जैसी देह
तुम्हारी ऋषियों-जैसी मनोवृत्ति
और बरसाती हवा-जैसा
परिवार का लुभावना सुख

तुम लाख वर्दी की ओट में
मुझसे दूर खड़े रहो
लेकिन तुम्हारे भीतर की दुनिया

मेरी बाजू में बाँह डाल रही है
हम जो बिना सम्हाले
आवारा रोगी बचपन को
आटे की तरह गूँथते रहे
किसी के लिए खतरा न बने
और वे जो हमारे सुख के बदले
बिकते रहे, नष्ट होते रहे
किसी के लिए चिंता न बने
तुम चाहे आज दुश्मनों के हाथ में
लाठी बन गए हो
पेट पर हाथ रखकर बताओ तो
कि हमारी जात को अब
किसी से और क्या खतरा है ?
हम अब सिर्फ उनके लिए खतरा हैं
जिन्हें दुनिया में बस खतरा ही खतरा है

तुम अपने मुँह की गालियों को
अपने कीमती गुस्से के लिए
सम्हालकर रखो—
मैं कोई सफेदपोश
कुर्सी का बेटा नहीं हूँ
इस अभागे देश का भाग्य बनाते
धूल में लथपथ हजारों चेहरों में से एक हूँ
मेरे माथे से बहती पसीने की धारा से
मेरे देश की कोई भी नदी बहुत छोटी है
किसी भी धर्म का कोई ग्रंथ
मेरे जख्मी होंठों की चुप से अधिक पवित्र नहीं है
तुम जिस झंडे को एड़ियाँ जोड़
सलामी देते हो
हम शोषितों के किसी भी दर्द का इतिहास
उसके तीन रंगों से बहुत गाढ़ा है
और हमारी रूह का हर एक जख्म

उसके बीच के चक्र से बहुत बड़ा है
मेरे दोस्त, मैं तुम्हारे कीलोंवाले बूटों तले
कुचला पड़ा भी
माउंट एवरेस्ट से बहुत ऊँचा हूँ

मेरे बारे में तुम्हारे कायर अफसर ने
गलत बताया है
कि मैं इस हकूमत का
मारक महादुश्मन हूँ
नहीं, मैंने तो दुश्मनी की
अभी पूनी भी नहीं छुई है
अभी तो मैं घर की मुश्किलों के सामने
हार जाता हूँ
अभी तो मैं अमल के गढ़े
कलम से ही भर देता हूँ
अभी मैं दिहाड़ियों और जाटों के बीच की
लरजती कड़ी हूँ
मेरी दाईं बाजू होकर भी अभी तुम
मुझसे बेगाने लगते हो
अभी तो मुझे
हज्जामों के उस्तरे
खंजर में बदलने हैं
अभी राज-मिस्त्रियों की करंडी पर
मुझे चंडी की वार लिखनी है
अभी तो मोची की सुम्मी
जहर में भिगोकर
चमकते नारों को जन्म देनेवाली कोख में घुमानी है

अभी धुम्मे बढ़ई का
भभकता धधकता हुआ तेसा
इस शैतान के झंडे से
ऊँचा लहरना है
अभी तो आने-जानेवालों के

जूठे बर्तन माँजते रहे लागी
जुबलियों में—लाग लेंगे
अभी तो किसी कुर्सी पर बैठे
गीध की नरम हड्डी को जलाकर
'खुशिया' चूहड़ा हुक्के में रखेगा

मैं जिस दिन सातों रंग जोड़कर
इंद्रधनुष बन गया
दुश्मन पर मेरा कोई वार
कभी खाली न जाएगा
तब झंडीवाली कार के
बदबूदार थूक के छींटे
मेरी जिंदगी के चाव भरे
मुँह पर न चमकेंगे
मैं उस रोशनी के बुर्ज तक
अकेला नहीं पहुँच सकता
तुम्हारी भी जरूरत है
तुम्हें भी वहाँ पहुँचना होगा

हम एक काफिला हैं
जिंदगी की तेज खुशबुओं का
तुम्हारी पीढ़ियों की खाद
इसके चमन में लगी है
हम गीतों-जैसी गजर के
बेताब आशिक हैं
और हमारी तड़प में
तुम्हारी उदासी का नगमा भी है

सिपाही बता, मैं तुम्हें भी
इतना खतरनाक लगता हूँ ?
मैं पीछे छोड़ आया हूँ...

सेंसर होनेवाले खत का दुखांत

तुम्हारे और मेरे बीच
सेंसर होनेवाला चाहे कुछ भी नहीं
लेकिन तुम्हारा खत जब तड़पेगा जहालत की हथेली पर
बहुत होंगे अर्थों के अनर्थ—

तुम्हारे रब्ब पर विश्वास के अर्थ
पुलसिया कुछ और निकालेगा
तुम्हारे बहुत देर से न मिलने के गिले को
वह समझेगा
ढीले हो रहे अनुशासन के लिए अफसोस
और उन हसीन पलों के उदास जिक्र को
जो गर्क हो गए
अश्विनी कुमार[1] के घोड़े के पीछे उड़ी धूल में
उस उदास जिक्र को
शहीद हुए साथियों की याद में विलाप समझेगा

तुम्हारे महँगाई के रोने को
क्रांतिकारियों की बदली हुई नीति का संकेत जानेगा
और बंगला देश में मारे गए
तुम्हारे फौजी भाई का दु:ख
चीन की हिमायत करना माना जाएगा
तुम्हें क्या पता है, कैसे बीतेगी
जब होंगे अर्थों के अनर्थ
तुम्हारा खत ब···हु···त तड़पेगा
जहालत की हथेली पर।

---

1. सातवें दशक में पंजाब पुलिस के आई. जी., जिनके कार्यकाल में गांवों में भारी पुलिस-अत्याचार हुए।

काँटे का जख्म

(उस आदमी के नाम जिसके जन्म से कोई संवत् शुरू नहीं होता)

वह बहुत देर तक जीता रहा
ताकि उसका नाम रह सके

धरती बहुत बड़ी थी
और उसका गाँव बहुत छोटा
वह सारी उम्र एक ही झोंपड़ी में सोता रहा
वह सारी उम्र एक ही खेत में हगता रहा
और चाहता रहा
कि उसका नाम रह सके

पूरी उम्र में उसने सिर्फ तीन ही आवाजें सुनीं
एक मुर्गे की बाँग थी
एक पशुओं के घुरकने की
और एक अपने ही मसूड़ों में रोटी चुभलाने की
टीलों की रेशमी रोशनी में
सूर्यास्त की आवाज उसने कभी न सुनी
बहार में फूलों के चटखने की आवाज उसने कभी न सुनी
सितारों ने भी कभी उसके लिए कोई गीत न गाया
पूरी उम्र वह सिर्फ तीन ही रंगों से वाकिफ रहा
एक रंग जमीन का था
जिसका नाम उसे कभी न आया
एक रंग आसमान का था
जिसके बहुत-से नाम थे

लेकिन कोई भी नाम उसकी जीभ पर न चढ़ता था
एक रंग उसकी औरत के गालों का था
जिसका नाम लजाते हुए उसने कभी न लिया

मूलियाँ वह जिद से खा सकता था
बढ़कर भुट्टे चबाने की शर्त उसने कई बार जीती
लेकिन वह खुद बिना शर्त ही खाया गया
पके खरबूजों-जैसे उसकी उम्र के साल
बिना चीरे ही निगले गए
और कच्चे दूध-सी उसकी सीरत
बड़े स्वाद से पी ली गई
उसे कभी पता भी न चल सका
वह कितना सेहतमंद था
और यह लालसा कि उसका नाम रह सके
शहद की मक्खी की तरह
उसके पीछे लगी रही
वह खुद अपना बुत बन गया
लेकिन उसका बुत कभी भी जश्न न बन सका

उसके घर से कुएँ तक का रास्ता
अभी भी सजीव है
लेकिन अनगिनत कदमों के नीचे
उसके कदमों के निशान दब गए हैं
अभी भी एक काँटे का जख्म हँसता है
अभी भी एक काँटे का जख्म हँसता है।

जहाँ कविता खत्म होती है

(अपने गाँव के अनपढ़ लड़कों के नाम)

उछल-कूद की उम्र में
जो हल के पीछे लगकर
आप खुच्चों[1] का काम कर लेते हो
और कोमल सपनों को
बदबू भरे कुर्ते के साथ
बाड़ पर टाँग देते हो
कौन लगा सकता है आपकी जीभ को ताला
आप दहाड़ोगे ठर्रे का घूँट पीकर
आप नंगेज निकाल दोगे शब्दों से
आप जा टपकोगे राजा-रानी की कहानी में
फूलों के वजन तौलती राजे की उस बेटी तक
लाठी लगा आगे ले जाने के लिए
केवल चार फेरों के बदले—
जो किस्मतों से संघर्ष की शर्तें रखती है
मेरे दोस्तो, क्या कहूँ
बड़ा पुराना है सवालों का वृक्ष
और इसके पत्तों से लाड़ कर रही है
राजनीति की हवा
और बाकी सबकुछ छोड़ दिया गया है
कुदालों, कुल्हाड़ीवालों की अक्ल पर···
वैसे तो एक सवाल यह भी है

1. घुटनों के पीछे का हिस्सा।

कि सपनों के उड़ रहे राकेट के
साथ-साथ क्यों चलती मसूर की दाल ?
और यह भी कि
क्यों उभर आता है सपनदोष के समय
पिछले साल मर गई पड़िया का बिंब
माफ करना मेरे गाँव के यारो
कविता लिखनेवाला यह पढ़ाकू लड़का
आपके मसले हल नहीं कर सकता

पाँच बार जेल हो आना
या दूर शहरों के मंचों पर
पुलिस से खाए डंडों का जिक्र करना
आपकी जल रही दुनिया के लिए
एक सूखे पोखर-जैसा है

कविता आपके लिए
विपक्षी पार्टियों के बेंचों-जैसी है
जो हमेशा आग-आग का शोर मचाते हैं
और आग से खेलने की मनाही के
सामने हमेशा सिर झुकाते हैं
माफ करना मेरे गाँव के यारो
मेरी कविता आपके मसले हल नहीं कर सकती

मसलों की बात दोस्तो, कुछ ऐसी होती है
कि कविता बिल्कुल नाकाफी होती है
और आप बड़ी दूर निकल जाते हैं—
तीखी चीजों की तलाश में
मसलों की बात कुछ ऐसी होती है
कि आपका सब्र थप्पड़ मार देता है
आपके कायर मुँह पर
और आप उस जगह से शुरू करते हैं
जहाँ कविता खत्म होती है···

पत्र-पत्रिकाओं (1967-74) से

बरसात

सबके सामने बरसा है बादल
उनके नाम—
जिनके पुए नहीं पके
जिन्होंने पींग नहीं झूली
गीली रोशनी गवाह है
नंगे पैरों की कविता कीचड़ में लिखी हुई
बेनाम कवियों द्वारा
जिन्हें महीने का नाम
सिर्फ खास मौसम की खारिश से याद आया
संगीत न गला, न डूबा
भीगे हुए आलम ने सरेआम सुने
वृक्षों से टपके निखरे हुए बोल
हवा में बिखरे शब्द
पथों पर बहते गीत
वे आते रहे
और मिट्टी में बलिदान होते
बहाते रहे अपना रक्त

वे बूँदें थीं
जिनकी लाशों पर चलकर
दरियायों ने रवानी पकड़नी थी
दिशा ढूँढनी थी…
फिर घूरे के ढेरों की
बदबू घुल गई सारी

झोंपड़ियों से उबलते चावलों की महक आई
और फिजा में गूँज उठे
बरसात के गीत…
खेतों में धान बोए गए
और गाँव की ड्योढ़ी में ताश खेली गई।

–'हेमज्योति' 1971 से

घास

मैं घास हूँ
मैं आपके हर किए-धरे पर उग आऊँगा

बम फेंक दो चाहे विश्वविद्यालय पर
बना दो होस्टल मलबे के ढेर
सुहागा फिरा दो भले ही हमारी झोंपड़ियों पर
मुझे क्या करोगे?
मैं तो घास हूँ, हर चीज ढक लूँगा
हर ढेर पर उग आऊँगा

बंगे[1] को ढेर कर दो
संगरूर[1] को मिटा डालो
धूल में मिला दो लुधियाना[1] का जिला
मेरी हरियाली अपना काम करेगी...
दो साल, दस साल बाद
सवारियाँ फिर किसी कंडक्टर से पूछेंगी—
"यह कौन-सी जगह है?
मुझे बरनाला[1] उतार देना
जहाँ हरे घास का जंगल है।"

मैं घास हूँ, मैं अपना काम करूँगा
मैं आपके हर किए-धरे पर उग आऊँगा।

---

1. पंजाब के विभिन्न कस्बों के नाम।

वफा

बरसों तड़पकर तुम्हारे लिए
मैं भूल गया हूँ कब से, अपनी आवाज की पहचान
भाषा जो मैंने सीखी थी, मनुष्य-जैसा लगने के लिए
मैं उसके सारे अक्षर जोड़कर भी
मुश्किल से तुम्हारा नाम ही बन सका
मेरे लिए वर्ण अपनी ध्वनि खो बैठे हैं बहुत देर से
मैं अब लिखता नहीं—तुम्हारे धूपिया अंगों की सिर्फ
परछाईं पकड़ता हूँ
कभी तुमने देखा है--लकीरों को बगावत करते ?
कोई भी अक्षर मेरे हाथों से
तुम्हारी तसवीर बनकर ही निकलता है
तुम मुझे हासिल हो (लेकिन) कदम-भर की दूरी से
शायद यह कदम मेरी उम्र से ही नहीं
मेरे कई जनमों से भी बड़ा है—
यह कदम फैलते हुए लगातार
रोक लेगा मेरी पूरी धरती को
यह कदम माप लेगा मृत आकाशों को
तुम देश में ही रहना
मैं कभी लौटूँगा विजेता की तरह तुम्हारे आँगन में
इस कदम या मुझे
जरूर दोनों में किसी को कत्ल होना होगा।

हसरत

जिंदगी !
तुम मुझे इस तरह बहलाने की कोशिश न करो—
यह वर्षों के खिलौने
बहुत नाज़ुक हैं
जिसे भी हाथ लगाऊँ
टुकड़ों में बिखर जाता है
अब इन मुँह चिढ़ाते टुकड़ों को
मैं उम्र किस तरह कह दूँ
सखी, कोई तो टुकड़ा
समय के पाँव में चुभकर
फर्श को लाल कर दे ।

सच

मैंने यह कभी नहीं चाहा
कि विविध भारती की ताल पर हवा लहरती हो
और रेशमी पर्दों को
मुझसे छिप-छिप छेड़ती हो
मैंने यह कभी नहीं चाहा
शीशों से छनकर आती
रंगदार रोशनी मेरे गीतों के होंठ चूमे

मैंने तो जब भी कोई सपना लिया है
रोते शहर को सांत्वना देते खुद को देखा है
और देखा है शहर को गाँव से गुणा होते
मैंने देखे हैं मेहनतकशों के जुड़े हुए हाथ
घूँसों में बदलते···
मैंने कभी कार के गद्दों की हसरत नहीं की
मेरे सपने कभी
बीड़ी के कश की लालसा करते रिक्शेवाले
किसी दुकान के बोर्ड पर लगी सेज की
सीमा पार नहीं गए
मैं कैसे चाह सकता हूँ
विविध भारती की ताल पर हवा लहरती हो
मैं देखता हूँ लू से झुलसे हुए चारे के पट्ठे
मैं कैसे कल्पना में लाऊँ नशीले नयन
मैं देखता हूँ आसमान की ओर उठी
वर्षा माँगती बुझी हुई आँखें।

जिंदगी / मौत

जीने का एक और भी ढंग होता है
भरी ट्रैफिक में चौपाल लेट जाना
और स्लिप कर देना
वक्त का बोझिल पहिया।

मरने का एक और भी ढंग होता है
मौत के चेहरे से उलट देना नकाब
और जिंदगी की चार सौ बीस को
सरेआम बेपर्द कर देना।

सलाम

मैं सलाम करता हूँ
आदमी के मेहनत में लगे रहने को
मैं सलाम करता हूँ
आनेवाले खुशगवार मौसमों को
मुसीबतों से पाले गए प्यार जब सफल होंगे
बीते वक्तों का बहा हुआ लहू
जिंदगी की धरती से उठाकर
मस्तकों पर लगाया जाएगा ।

हद के बाद

बारह साल तो हद होती है
हमने कुत्ते की पूँछ को चौबीस साल 'बाँसुरी' में रखा है
लाठी टेककर चलनेवाले
जिन अपाहिज लोगों के माथों पर
माऊंटबेटन ने 'आजादी' का शब्द लिख दिया था
हम वे माथे
उन्हीं की लाठियों से मिटा देंगे
हम इस पूँछ को बाँसुरी सहित
इस आग में झोंक देंगे
जो आज देश के पचास करोड़
लोगों के दिलों में सुलग रही है
पूँछ जो खुद तो सीधी न हो सकी
इसने बाँसुरी को बजने लायक कहाँ रहने दिया होगा ?

1971

पैर...

मैं जानता हूँ
मुहब्बतों के ये सफर
कभी पैरों के साथ नहीं होते
मैं भी कितना बेलिहाज हूँ, दोस्तो
मैंने अपनी मुहब्बत को
पैरों पर चलना सिखाया है

मैंने अपने पैरों को
कँटीली झाड़ियों के स्कूल में
पढ़ने भेजा है

मिट्टी में मिट्टी बन चुके
पिछले वक्तों के मुसाफिर
हमारे पैरों को सांत्वना देते हैं
हमें पैरों का अर्थ बताते हैं
कोल्हू के चक्कर में, पैरों का कोई अर्थ नहीं
पैरों का सीधा-सा अर्थ–
ठंड होता है
छड़ होता है
जब पैर काट दिए जाते हैं
तो बागी सिर के बल सफर करते हैं

जब हकूमत माँगे हुए पैरों के बल चलती है
तो सफर को कलंक लगता है

जब सिर से पैरों का काम लेकर
सफर के नाम से कलंक धोया जाता है
तो शासक के पैर थर्रा उठते हैं
जब पैरों की जुंबिश से
राग छिड़ता है...
तो बेड़ी लगानेवालों के पैर सुन्न हो जाते हैं

पैरों में सैंडल हों या जूते
पैर तो माप के होते हैं
मांस खिलाने के लिए नहीं
जूतों में मांसखोरों के लिए
अक्ल की पुड़िया बंद होती है।

कुछ सच्चाइयाँ

1.

आदमी के खत्म होने का फैसला
वक्त नहीं करता
हालात नहीं करते
वह खुद करता है
हमला और बचाव
दोनों आदमी खुद करता है।

2.

प्यार आदमी को दुनिया में
विचरने लायक बनाता है या नहीं
इतना जरूर है कि
हम प्यार के बहाने (सहारे)
दुनिया में विचर ही लेते हैं।

3.

मुक्ति का जब कोई रास्ता न मिला
मैं लिखने बैठ गया हूँ
मैं लिखना चाहता हूँ वृक्ष
जानते हुए
कि लिखना वृक्ष हो गया
मैं लिखना चाहता हूँ पानी
'आदमी'—'आदमी' मैं लिखना चाहता हूँ

किसी बच्चे का हाथ
किसी गोरी का मुख
मैं पूरे जोर से
शब्दों को फेंकना चाहता हूँ आदमी की ओर
यह जानते हुए भी कि आदमी को कुछ न होगा
हमें ऐसे रखवालों की जरूरत नहीं
जो हम पर अपने महलों से हकूमत करें
हम मेहनतकशों को उनके दान की जरूरत नहीं
हम आपस में ही सब फैसले करेंगे।

4.

आ गए मेरे बीत चुके पलों की गवाही देनेवाले
आ गए कब्रों में सें सोए हुए पलों को जगानेवाले
28.12.1971

5.

उनकी आदत है सागर से मोती चुग लाने की
उनका रोज़ का काम है, सितारों का दिल पढ़ना
29.12.1971

6.

मेरे पास चेहरा
संबोधक कोई नहीं
धरती का पागल इश्क शायद मेरा है
और तभी जान पड़ता है
मैं हर चीज पर हवा की तरह सरसराता हुआ गुजर जाऊँगा
सज्जनो, मेरे चले जाने के बाद भी
मेरी चिता की बाँह पकड़े रहना।

7.

हजारों लोग हैं
जिनके पास रोटी है

चाँदनी रातें हैं, लड़कियाँ हैं
और 'अक्ल' है
हजारों लोग हैं, जिनकी जेब में
हर वक्त कलम रहती है
और हम हैं
कि कविता लिखते हैं...

—डायरी के पृष्ठों से

'साडे समियाँ विच' (1978) से

हमारे समयों में

(भूमिका)

कविता की विधि[1] विषय से जन्म लेती है। करीब दो हजार वर्ष पूर्व भारतीय काव्य को कालिदास ने बहुत ही समर्थ विधि दी—संदेशवाचक संबोधन विधि। कहाँ भाप-धुएँ और हवा का मिश्रण एक निर्जीव मेघ और कहाँ प्रेम-जैसी तीव्र जीवित संवेदना। लेकिन जुदाई के तोड़े हुए प्रेमी सजीव और निर्जीव में कब अंतर करते हैं।

समूची भारतीय कविता कमोबेश इसी विधि पर स्थित है। पंजाबी में गुरु गोविंद सिंह के 'मित्तर प्यारे नूँ…' से लेकर अमितोज के 'लाहौर के नाम खत' तक अधिकाश कवियों ने समानांतर विषयों को निभाते हुए इस विधि का प्रयोग किया है। लेकिन इसका सही प्रयोग वही कवि कर पाए हैं, जिनकी कविता अंतस फाड़कर बाहर आई और जिनकी संवेदना तलस्पर्शी थी।

टैगोर को नोबल पुरस्कार मिलने के बाद समूचे भारतीय काव्य में प्रकृति-प्रेम की जो बाढ़ आई, उसके नकलची स्वभाव के कारण पंजाबी कविता में घटिया माल की भर्ती तो हुई ही; स्कूलों, कालेजों और ज्ञानी अकादमियों के माहौल में कविता का संकल्प ही अपाहिज बन गया। शुक्र है कि ऐसे संकल्पधारी विद्वान अब तक बारी-बारी कभी न मिटनेवाली कमी कहने की सेवा निभा चुके हैं और निभाए जा रहे हैं।

इश्क + शांति + समाजवाद का विषय पंजाबी कविता में कोई विशेष विधि लेकर नहीं आया।

व्यक्ति-स्वातंत्र्य-प्रवृत्ति ने पंजाबी कविता में सामाजिक निषेध का प्रचार किया। बाद में व्यक्ति-अपूर्णता और बेबसी की

1. शैली या शिल्प के व्यापक अर्थ में।

व्यंग्यात्मक अभिव्यक्ति ने चोट विधि के सहारे व्यक्ति को उभारकर केंद्र बना दिया और सामाजिकता के प्रति अलगाव की रुचि को शक्ति प्रदान की ।

व्यक्ति और समाज में विरोध पंजाबी कवियों की कोई नई खोज नहीं है । दर्शन और समाजशास्त्र में यह संघर्ष हजारों वर्ष पुरानी बहस का लक्ष्य रहा है । मार्क्सवादी दर्शन ने पहली बार दुनिया के सामने साफ किया कि व्यक्ति और समाज में संघर्ष की जड़ भी वास्तव में व्यक्तियों और राज्य के बीच अंतर्विरोध में है । तुर्की और चिली के अंतर्राष्ट्रीय कवियों ने इस समझ से विश्व-भर की कविता को गहराई और सार्थकता सहित अनेक नई विधियाँ प्रदान की हैं ।

पंजाबी में ऐसी कविता अपनी पिछली परंपरा से ही पैदा होने के कारण न तो इन विधियों का पूर्ण प्रयोग कर पाई और न विषयवस्तु को उसके पूरे विशाल रूप में ग्रहण कर पाई । कारण कि यहाँ राजनीतिक चेतना और सामाजिक बोध एक-दूसरे में से पैदा नहीं हुए ।

हमारे कम्युनिस्ट कविता के लिए 'हथियार' शब्द का नंगा प्रयोग उचित समझते हैं । कम्युनिस्ट संघर्षों में दाँव-पेंचों का रीढ़-जैसा महत्त्व होता है । मैंने अनुभव किया है कि पार्टियों की पैंतरेबाजी से अब कविता की दोस्ती नहीं हो सकती । पार्टी-लेबलों से पीछा छुड़ाने के लिए मुझे बहुत शरारतें करनी पड़ी हैं । ऐसी दोहरी सजा झेलने के समय की पैदावार मेरी यह पुस्तक है ।

राजनीतिक गतिविधियों से पीछे हटने से यह स्वाभाविक ही था कि मेरी कविता अधिक अंतर्मुखी हो जाती । फिलहाल इसका कोई इलाज नहीं । अभी तक मैं जिनकी कविता से काफी प्रभावित हुआ हूँ, उनमें कमलादास अभी जिंदा हैं । कालिदास तो कब का शरीर छोड़ चुका है । फिलहाल कमलादास का शुक्रिया करता हूँ । नेरूदा और नाज़िम हमारे अपने कैंप के आदमी हैं, उनका शुक्रिया करने की जरूरत नहीं ।

पिछले दोनों संग्रहों में मेरी लगभग सभी कविताएँ लोहे की जंजीरों के प्रति मनुष्य की अनुभवशीलता थी । इस बार इस पुस्तक में मेरे सभी एहसास उन अदृश्य जंजीरों से जूझने या खीझने का इतिहास है, जो लोहे की नहीं, लेकिन लोहा उनका है ।

—पाश

तलवंडी सलेम (जालंधर)

9 सितंबर, 1978

इनकार

(कविता में भूमिका)

मुझसे उम्मीद न करना कि मैं खेतों का बेटा होकर
आपके चगले हुए स्वादों की बात करूँगा
जिनकी बाढ़ में बह जाती है
हमारे बच्चों की तोतली कविता
और हमारी बेटियों की कंजकों-सी हँसी

मैं तो जब भी करूँगा—खाद की कमी
किसी गरीब के सीने की तरह पिचक गए
ईख की ही बात करूँगा
मैं दालान के कोने में पड़ी रबी की फसल
और दालान के दर पर खड़े जाड़े की ही बात करूँगा।
मुझसे उम्मीद न करना कि मैं सर्द ऋतु में खिलनेवाले
फूलों की किस्मों के नाम पर
गाँव की लड़कियों के उल्टे-सीधे नाम रखूँगा

मैं बैंक के सेक्रेटरी की शरारती मूँछों
सरपंच की थाने तक फैली लंबी पूँछ
और जो मैंने अपने सीने पर पाल रखा हैं
उस पूरे चिड़ियाघर की
या उस अजायबघर की
जो मैंने अपने सीने में सँभाल रखा है
या इस तरह की ही कोई चुभनेवाली बात करूँगा

मेरे लिए दिल तो बस एक पान के पत्ते-सा लोथड़ा है
मेरे लिए हुस्न मकई की नमक लगी रोटी-सी लज्जत है
मेरे लिए जिंदगी घर की शराब की तरह
छिप-छिपकर पीने की कोई चीज है
मुझसे उम्मीद न करना कि मैं खरगोश की तरह
वक्षों की कोमल सुगंध को धीमे से सूँघता रहूँ
मैं जुते हुए बैलों की तरह हर चीज का
खुरली पर सीधा होकर सामना करता हूँ

मैं किसानों के साधु बनने से पहले का सफर हूँ
मैं बुड्ढे मोची की गुम हुई आँखों की रोशनी हूँ
मैं लूले हौलदार के दाएँ हाथ की स्मृति हूँ बस
मैं वक्त की देह पर चौथाई सदी का दाग हूँ बस
और मेरी कल्पना उस लुहार के जगह-जगह झुलसे मांस-जैसी है
हवा के एक झोंके के लिए
जो बेरहम आसमान पर खीझा रहे
जिसके हाथ में पकड़ा हल का फाल
कभी तलवार बन जाए कभी चारे की गठड़ी रह जाए बस
मैं आपके लिए अब किसी हार्मोनियम का पंखा नहीं हो सकता
मैं बर्तन माँजती झींवरी की उँगलियों से रिसता राग हूँ बस

मेरे पास सौंदर्य की इस सपन-सीमा से इधर
अभी बहुत बातें करने को हैं
अभी मैं धरती पर छाई
किसी दिहाड़ीदार के काले स्याह होंठों-सी रात की ही बात करूँगा
उस इतिहास की
जो मेरे बाप के धूप से झुलसे कंधों पर उकरा है
या अपनी माँ की पाँव-फटी बिवाइयों के भूगोल की ही बात करूँगा

मुझसे उम्मीद न करना कि मैं खेतों का बेटा होकर
आपके चगले हुए स्वादों की कोई बात करूँगा
जिनकी बाढ़ में बह जाती है हमारे बच्चों की तोतली कविता
और हमारी बेटियों की कंजकों-सी हँसी।

जहाँ कविता खत्म नहीं होती

लड़को, मैं भी कभी तुम लोगों-जैसा ही था
छोटी-छोटी चोरियाँ करता हुआ भी चोर नहीं था
बात-बात पर बहाना बनाता था, पर मैं झूठा नहीं था
चाहे रोज ही कपड़े फाड़ देता था, पर नंगा नहीं समझा जाता था
बूढ़ी पुन्नी का चरखे का टेढ़ा तकला हमेशा मेरे ही सिर लगता था
लेकिन थाने की किताबों में मेरा नाम नहीं लिखा जाता था
घर के चौके की छोटी-सी मुंडेर
या बिनौलों की बोरी या पड़ोसियों की सीढ़ी के नीचे के खाने
मेरे छिपने के लिए काफी थे
मैं तितलियों को सूई में पिरोकर नाचता था
सोन-चिरैयों को धागे के पटे से हाँकता था
लेकिन कभी हिंसावादी नहीं कहलाया
बस, बिल्कुल तुम लोगों-जैसा था

फिर ऐसे हुआ—धीरे-धीरे मैं तुम लोगों-जैसा न रहा
मुझे बताया गया कि झूठ बोलना पाप है
शिक्षा मनुष्य की तीसरी आँख है
चोरी करना बुरा है
ईश्वर एक है
सभी मनुष्य बराबर होते हैं—
मैं इन सभी वाक्यों के
अजीबोगरीब आपसी संबंधों के सामने सहम-सा गया
मुझे लगा—मेरे खिलाफ
कोई बहुत भयानक षड्यंत्र शुरू होनेवाला है

मैंने घबराकर तुम्हारे हाथों से हाथ खींच लिया
और उदास होकर दौड़ता हुआ, किताबों की
कँटीली झाड़ियों में फँस गया
काले-काले अक्षर तीखे शूलों की तरह, मेरे बदन में उतरते गए
मैं जैसे झाड़ियों में छिपता फिरता कोई खरगोश था
जिसके पीछे लगे हुए थे परीक्षाओं के शिकारी कुत्ते

मैं कुछ परेशान-सा हो गया, जब मुझे पता चला
कि यहाँ तो पूरब है या पच्छिम
कहीं भी न कुछ उदय होता है न अस्त होता है
जब मुझे पता चला रब्ब रात-बिरात
हमारे खरबूजों में चीनी डालने नहीं आता
न ही हमारी कपास के टीण्डों को
चोगा माँगते नन्हें पक्षियों की चोंचों की तरह खोलने
जब मुझे पता चला कि धरती रोटी-जैसी नहीं, गेंद-जैसी है
आसमानों में नीला-सा दिखता शून्य है, रब्ब नहीं
जब मुझे पता चला, शिक्षा मनुष्य की तीसरी आँख नहीं
वरन दो ही आँखों का भेंग है—
और ऐसी बेशुमार बेमजा बातों का पता चला
मेरे भीतर कहीं कुछ गिरकर टूट गया था
और एक 'तड़ा···क्'-सी आवाज पर मैंने देखा
मेरी अंतड़ियों में रंगों और रहस्योंवाली
विचित्र कविता के टुकड़े गड़े हुए थे

फिर लड़को, तुम कौन और मैं कौन था
फिर मैं खूबसूरत कोठियों और बाजारों को
हसरत भरी-सी नजरों से देखता हुआ भी चोर समझा गया
पेंजे जाने के दर्द में कराहते हुए को भी 'पाखंड' ही कहा गया
अच्छे-खासे कपड़ों पर भी नजरें ऐसे उठीं
जैसे अल्फ नंगा हूँ···
अपने बारे में कुछ भी कहने पर तोहमतों से बींधा गया
जब मैंने झूठ, चोरी, मेहरबान ईश्वर
और सब मनुष्यों के बराबर होने की धारणाओं पर

'दोबारा सोचना' चाहा तो मेरे इस तरह सोचने को
हिंसा कहा गया—
यारों के तहखाने-जैसे चौबारे
घने कोहरे-सा मेरी महबूब का हृदय
और घटाटोप ईख भी मुझे छिपा न सके
मैं जो छिप जाता था घर के चौके की छोटी-सी मुंडेर
या बिनौलों की बोरी या पड़ोसियों की सीढ़ी के नीचे खानों की ओट में
— — — — —
— — — — —
और अब मैं बिल्कुल उनके सामने हूँ
बिना उद्घाटित पुलों की तरह
बिना पी हुई शराब या अनछुई छातियों की तरह
फिर वे आए···सच्चाइयों के झंडाबरदार
उनके हाथों में व्यवस्था का टोका[1] था
बस तभी मुझे तथ्यों के तथ्य का ज्ञान हुआ
कि टोके की शक्ल झंडे-सी होती है

लड़को, मेरा सच न मानना—'गर कहूँ—
सिर्फ कपड़े का टोका छील सकता है इंसानी सीनों की भीतरी गूँज को
'गर कहूँ—हर सच्चाई सिर्फ छिली हुई आह होती है
'गर कहूँ—पंद्रहवें के बाद
हर वर्ष श्मशान से उठती भाप का गुब्बार होता है

लड़को, मैं अब तुम्हारे में से नहीं हूँ
मैं चील के पंजों में उड़ रहा आजाद चूहा हूँ
झुटपुटे की चुभलाई आँख हूँ
इतिहास के ताला लगे दरवाजे पर बैठा मेहमान हूँ
बारहमासा से वर्जित कोई कुसगुन हूँ
जिससे कुछ भी शुरू या खत्म नहीं होता
कविता नहीं, मेरी आवाज केवल गंदगी पर बरसती वर्षा है
तुम्हारे लिए न आशीष न नसीहत
मेरे शब्द धुलाई करते हुए भी बदबू फैला रहे हैं···

---

1. चारा काटनेवाली मशीन।

असल में लड़को, मैं बहुत दहल गया हूँ इस भयानक यातना से
कि आजकल पहाड़ों पर चढ़ना भी ऐसे लगता है
जैसे किसी लंबी ढलान से उतर रहा होऊँ
सागर की छाती पर तैरना ऐसा है
जैसे डूबने की बहुत धीमी-सी क्रिया हो
यह कैसी यातना है ?
कि आप लड़कियों, फूलों और पक्षियों को देख रहे हों
और सामने शून्य ही शून्य, आपकी आँख में मिर्च की तरह लड़े
मैं पूरे का पूरा थक गया हूँ
इस मशीनी-सी अफरा-तफरी में चलते हुए
जहाँ रिश्ते अंधे वेग में, अपने अर्थों से टकरा गए हैं
मैं—जो सिर्फ एक आदमी बनना चाहता था
यह क्या बना दिया गया हूँ ?

और अब मैं चाहता हूँ, सड़क पर जा रहे किसी मॉडल स्कूल के
रिक्शे पर
'छड़प्प' से चढ़ जाऊँ और टाफी चूसता हुआ
इस बिखरे-बिखरे फैले संसार को, मासूम-सी नजर से घूरूँ
और ज्ञान की उन सभी सच्चाइयों पर
नए सिरे से यकीन करना शुरू करूँ
जैसे वे बिल्कुल सच्ची ही हों…

मैं अब विदा लेता हूँ

मैं अब विदा लेता हूँ
मेरी दोस्त, मैं अब विदा लेता हूँ
मैंने एक कविता लिखनी चाही थी
सारी उम्र जिसे तुम पढ़ती रह सकतीं

उस कविता में
महकते हुए धनिए का जिक्र होना था
ईख की सरसराहट का जिक्र होना था
उस कविता में वृक्षों से चूती ओस
और बाल्टी में चोए दूध पर गाती झाग का जिक्र होना था
और जो भी कुछ
मैंने तुम्हारे जिस्म में देखा
उस सबकुछ का जिक्र होना था

उस कविता में मेरे हाथों की सख्ती को मुस्कराना था
मेरी जाँघों की मछलियों ने तैरना था
और मेरी छाती के बालों की नरम शाल में से
स्निग्धता की लपटें उठनी थीं
उस कविता में
तेरे लिए
मेरे लिए
और जिंदगी के सभी रिश्तों के लिए बहुत कुछ होना था मेरी दोस्त

लेकिन बहुत ही बेस्वाद है
दुनिया के इस उलझे हुए नक्शे से निपटना

और यदि मैं लिख भी लेता
शगनों से भरी वह कविता
तो उसे वैसे ही दम तोड़ देना था
तुम्हें और मुझे छाती पर बिलखते छोड़कर
मेरी दोस्त, कविता बहुत ही निसत्त्व हो गई है
जबकि हथियारों के नाखून बुरी तरह बढ़ आए हैं
और अब हर तरह की कविता से पहले
हथियारों से युद्ध करना जरूरी हो गया है

युद्ध में
हर चीज को बहुत आसानी से समझ लिया जाता है
अपना या दुश्मन का नाम लिखने की तरह
और इस स्थिति में
मेरे चुंबन के लिए बढ़े होंठों की गोलाई को
धरती के आकार की उपमा देना
या तेरी कमर के लहरने की
समुद्र के साँस लेने से तुलना करना
बड़ा मजाक-सा लगना था
सो मैंने ऐसा कुछ नहीं किया
तुम्हें
मेरे आँगन में मेरा बच्चा खिला सकने की तुम्हारी खाहिश को
और युद्ध के समूचेपन को
एक ही कतार में खड़ा करना मेरे लिए संभव नहीं हुआ
और अब मैं विदा लेता हूँ

मेरी दोस्त, हम याद रखेंगे
कि दिन में लोहार की भट्ठी की तरह तपनेवाले
अपने गाँव के टीले
रात को फूलों की तरह महक उठते हैं
और चाँदनी में पगे हुए 'टोक'[1] के ढेरों पर लेटकर
स्वर्ग को गाली देना, बहुत संगीतमय होता है

---

1. ईख की सूखी पत्ती।

हाँ, यह हमें याद रखना होगा क्योंकि
जब दिल की जेबों में कुछ नहीं होता
याद करना बहुत ही अच्छा लगता है

मैं इस विदाई के पल शुक्रिया करना चाहता हूँ
उन सभी हसीन चीजों का
जो हमारे मिलन पर तंबू की तरह तनती रहीं
और उन आम जगहों का
जो हमारे मिलने से हसीन हो गईं
मैं शुक्रिया करता हूँ

अपने सिर पर ठहर जानेवाली
तेरी तरह हल्की और गीतों भरी हवा का
जो मेरा दिल लगाए रखती थी तेरे इंतजार में
रास्ते पर उगे हुए रेशमी घास का
जो तुम्हारी लरजती चाल के सामने हमेशा बिछ जाता था
टीण्डों से उतरी कपास का
जिसने कभी भी कोई उज्र न किया
और हमेशा मुस्कराकर हमारे लिए सेज बन गई
गन्नों पर तैनात पिद्दियों का
जिन्होंने आने-जानेवालों की भनक रखी
जवान हुए गेहूँ की बल्लियों का
जो हमें बैठे हुए न सही, लेटे हुए तो ढँकती रहीं
मैं शुक्रगुजार हूँ, सरसों के नन्हें फूलों का
जिन्होंने कई बार मुझे अवसर दिया
तेरे केशों से पराग केसर झाड़ने का
मैं आदमी हूँ, बहुत कुछ छोटा-छोटा जोड़कर बना हूँ
और उन सभी चीजों के लिए
जिन्होंने मुझे बिखर जाने से बचाए रखा
मेरे पास बहुत शुक्राना है
मैं शुक्रिया करना चाहता हूँ

प्यार करना बहुत ही सहज है
जैसे कि जुल्म को झेलते हुए

ख़ुद को लड़ाई के लिए तैयार करना
या जैसे गुप्तवास में लगी गोली से
किसी गुफा में पड़े रहकर
जख्म के भरने के दिन की कोई कल्पना करे

प्यार करना
और लड़ सकना
जीने पर ईमान ले आना मेरी दोस्त, यही होता है
धूप की तरह धरती पर खिल जाना
और फिर आलिंगन में सिमट जाना
बारूद की तरह भड़क उठना
और चारों दिशाओं में गूँज जाना—
जीने का यही सलीका होता है
प्यार करना और जीना उन्हें कभी न आएगा
जिन्हें जिंदगी ने बनिए बना दिया

जिस्म का रिश्ता समझ सकना—
खुशी और नफरत में कभी भी लकीर न खींचना—
जिंदगी के फैले हुए आकार पर फिदा होना—
सहम को चीरकर मिलना और विदा होना—
बड़ा शूरवीरता का काम होता है मेरी दोस्त,
मैं अब विदा लेता हूँ

तुम भूल जाना
मैंने तुम्हें किस तरह पलकों के भीतर पालकर जवान किया
कि मेरी नजरों ने क्या कुछ नहीं किया
तेरे नक्शों की धार बाँधने में
कि मेरे चुंबनों ने कितना खूबसूरत बना दिया तुम्हारा चेहरा
कि मेरे आलिंगनों ने
तुम्हारा मोम-जैसा शरीर कैसे साँचें में ढाला

तुम यह सभी कुछ भूल जाना मेरी दोस्त,
सिवाय इसके

कि मुझे जीने की बहुत लोचा[1] थी
कि मैं गले तक जिंदगी में डूबना चाहता था
मेरे भी हिस्से का जी लेना, मेरी दोस्त,
मेरे भी हिस्से का जी लेना!

---

1. लालसा।

प्रतिबद्धता

हम झूठ-मूठ का कुछ भी नहीं चाहते
जिस तरह हमारी मांसपेशियों में मछलियाँ हैं
जिस तरह बैलों की पीठों पर उभरे
चाबुकों के निशान हैं
जिस तरह कर्ज के कागजों में
हमारा सहमा और सिकुड़ा हुआ भविष्य है
हम जिंदगी, बराबरी या कुछ भी और
इसी तरह सचमुच का चाहते हैं

जिस तरह सूरज, हवा और बादल
घरों और खेतों में हमारे अंग-संग रहते हैं
हम उसी तरह
हकूमतों, विश्वासों और खुशियों को
अपने साथ-साथ देखना चाहते हैं
ताकतवरो, हम सबकुछ सचमुच का देखना चाहते हैं
हम उस तरह का कुछ भी नहीं चाहते
जैसे शराब के मुकदमे में
किसी टाऊट की गवाही होती है
जैसे पटवारी का 'ईमान' होता है
या जैसे किसी आढ़ती की कसम होती है—

हम चाहते हैं अपनी हथेली पर कोई इस तरह का सच
जैसे गुड़ की पत्त में 'कण' होता है
जैसे हुक्के में 'निकोटिन' होती है

जैसे मिलन के समय महबूब के होंठों पर
मलाई-जैसी कोई चीज होती है

हम नहीं चाहते
पुलिस की लाठियों पर टँगी किताबों को पढ़ना
हम नहीं चाहते
फौजी बूटों की टाप पर हुनर का गीत गाना
हम तो वृक्षों पर खनकते संगीत को
अरमान-भरे पोरों से छूकर देखना चाहते हैं
आँसू गैस के धुएँ में नमक चाटना
या अपनी ही जीभ पर अपने ही लहू का स्वाद चखना
किसी के लिए भी मनोरंजन नहीं हो सकता
लेकिन
हम झूठ-मूठ का कुछ भी नहीं चाहते
और हम सबकुछ सचमुच का देखना चाहते हैं–
जिंदगी, समाज़वाद, या कुछ भी और···

आज का दिन

लगता है यह सवेर नहीं है
मौत की हथेली पर जमी हुई मुस्कराहट है
रात की रो-रोकर सूजी हुई आँख है
सूर्य-जैसा कुछ कहीं नहीं है

कबूतरों के गुटकने से कुछ भी शुरू नहीं हुआ
शायद आज का दिन बचने नशेड़ी की आह से शुरू हुआ है
बिल्ली गिरा गई जिसका
भिगोए पोस्त का छन्ना
आज का दिन शायद करमू की सूखती जा रही धरती पर उगा है
जिसके खुरली पर बँधे बैल को
रात में सरकारी साँड मार गया था
आज का दिन फटे हुएं दूध की चाय-जैसा
विधवा रतनी के गले से मुश्किल से उतरता है
आज का दिन शौदाई हरिकिशन की
गालियों के किनारे लड़खड़ाता चल रहा है
आज का दिन अमरो भंगिन के गले में पहने हुए उतार की तरह
नंगेज की खामोशी तैर रहा है
लगता है आज का दिन किसी मुर्दे का लहू है
या रद्द की गई वोट की पर्ची है
या कि गाँव की अल्हड़ लड़की के बहुत कम देख सकनेवाले
नयनों की बहुत गहरी दृष्टि है
या उदास बूढ़े के
सींक खाए दरवाजे की चौखट पर लगी हुई टिकटिकी है

या किसी बाँझ औरत का
चौरस्ते में किया हुआ टोना है

आज का दिन किसी जालिम मंत्री का
अनचाहा दफ्तरी मातम है
या किसी दुर्गंध छोड़ते थैले के भीतर
बुझाकर रखा बीड़ी का टुकड़ा है
या शायद
सातवीं में फेल हुई बच्ची की
चुनरी में रखा सूखी आँखों का नीर है
आज का दिन धार्मिक मान्यता का दिन नहीं है

आज का दिन धार्मिक मान्यता का दिन नहीं है
किसी बच्चे की बड़बड़ाती नींद है
आज का दिन तो सँभाल-सँभालकर पाला हुआ आतंक का वृक्ष है
राजनीतिक हिंसा की श्रृंगारी हुई घोड़ी है
आज का दिन किसी दुश्मन द्वारा
खेतों में दी गई चुनौती है

आज का दिन किसी ग्रंथी के शंख बजाने से खत्म नहीं होगा
आज का दिन शायद बहुत लंबा चला जाए
और पंछी संध्या की उड़ान की प्रतीक्षा में थक जाएँ
आज का दिन शायद बहुत लंबा चला जाए...

छन्नी

छन्नी वे लोकड़ियो—छन्नी
रब्ब देवे वे वीरा तैनूँ बन्नी

—पंजाबी का एक प्रसिद्ध लोकगीत

(छन्नी ओ लोगो—छन्नी
ओ भाई, रब्ब तुम्हें दुल्हन दे)

छन्नी तो छन्नी हुई
लेकिन गुड्डिए, तेरे गीतों से
तेरे वीर को दुल्हन न मिलेगी
उसे तो मार जाएगी
बाबुल की कम जमीन की परछाई
उसकी पास की हुई मैट्रिक को
मरियल-से भैंसे चर जाएँगे
और उसके चकलेदार सीने पर
हमेशा ही बिगड़े हुए इंजन की तकावी
चपातियाँ बेलती रहेगी

धीरे-धीरे हो जाएगी धीमी
उसकी जाँघों के कपोतों की उड़ान
खत्म हो जाएगा चोग चावों के भंडार से—
वह बड़ा छटपटाएगा
जिस दिन पहली बार अफीम की चींटी
उसकी अंतड़ियों पर चलेगी
चौपाल से अपने अमली बनने
की कनसो को वह सूँघ-सूँघकर गुजरेगा

फिर धीरे-धीरे बदल जाएँगी चौपाल की बातें
और फिरनी से ही लौटने लगेंगे
उसे देखनेवाले
गुड्डिए, दूर क्षितिज की ओर
जहाँ मगरमच्छों के जबाड़े मिलते हैं
नाक की सीध में चलता जाएगा तेरा वीर
तू जिसे दिन समझती है
शिकारियों की मुट्ठी में पकड़े हुए
धागे का सिरा है
और रात कुछ नहीं
डोरी में दी हुई मक्कार ढील के सिवाय
गुड्डिए, अपने तो सिर्फ गीत हैं
समय अपना नहीं है

'गर समय अपना होता
तो तुझे खाली कलाइयाँ
ढँक-ढँककर रखने का फिकर न होता
अभी तो समय कोई लहू माँगती सूई है
जो पुर तो सकती है
तेरे फूलों का भ्रम बुन रहे पोटे के फूल में
लेकिन सिल नहीं सकती
तेरी कमर से घिसती जा रही कुर्ती को

छन्नी तो छन्नी हुई
लेकिन गुड्डिए, हो सके तो
वीर की शंकाओं को
गीतों के मोह की बाड़ से न घेरना
उसे खोज लेने देना
गले में पड़े हुए रस्से की गाँठ
उसके माथे पर झुक आई सदियों का कुबड़
कर लेने देना सम्मोंवाली लाठी को सीधा
उसे डाल लेने देना

मजदूरी के पिडों[1] में निकली साँपों की बांबियों में हाथ

सिलसिला शायद तेरे कुएँ पर उतरी
पुलिस की धाड़ से चले
या चलते पुर्जे पंच के
तिरंगे की तरह लहराते कुल्ले से
या भूकंपों की तरह दीवारों को कँपकँपाती हुई
इलैक्शन की मोटर से...

सिलसिला कहीं से भी चल सकता है गड्डिए—
अपने गीतों को जा भिड़ने देना
गंदी साँसें छोड़ती गालियों के सीने से

फिर एक बार
चौपालों में उसका जिक्र छिड़ेगा
जो अँधेरे में उसके कदमों के आगे
रोशनी की लकीर बनकर चलेगा...
छन्नी तो छन्नी हुई
गड्डिए, हो सके तो वीर की शंकाओं को
बस, गीतों के मोह की बाड़ से न घेरना।

---

1. टीलों।

तुम्हें पता नहीं

तुम्हें पता नहीं, मैं शायरी में क्या समझा जाता हूँ
जैसे किसी उत्तेजित मुजरे में
कोई आवारा कुत्ता आ घुसे
तुम्हारी समझ में मैं किसी खतरनाक पार्टी के लिए
आधी रात तक लहू जलाए
न जाने क्या लिखता रहता हूँ
तुम्हें पता नहीं मैं कविता के पास कैसे जाता हूँ—
कोई गाँव की सुंदरी घिस चुके फैशन का नया सूट पहने
बौराई-सी जैसे शहर की दुकानों पर चढ़ती है...

मैं कविता से माँगता हूँ
तुम्हारे लिए नेल पालिश की शीशी
छोटी बहन के लिए रंगदार कढ़ाईवाला धागा
और बापू के मोतियाबिंद के लिए दवाई

कविता इस तरह की माँगों को शरारत समझती है
और महीने दर महीने अपने रखवालों को
बेंत के डंडे
और नरम बटोंवाली बंदूकें देकर भेजती है
रात-बिरात मेरी ओर
जो अपने साथ ले जाते हैं
मेरी मनपसंद किताबें
आले में रखी छोटी उम्र की फोटो
और घर की सीढ़ियों से गिरकर जख्मी हुई
मेरी पहली मुहब्बत की उदास रंगों में बिखर गई चीख

तुम्हें पता नहीं कि सिपाही मुझे जानते हुए भी
कैसे अजनबी बन जाते हैं
तलाशी ले रहा कोई जाहिल-सा पंजा
कैसे जा झपटता है
मेरे चाँदनी रातों से किए अहदनामे पर
तुम्हें पता नहीं मेरी रीढ़ की हड्डी का पुराना जख्म
उनके जाने के बाद कैसे टसकने लगता है

तुम्हें पता नहीं वह खतरनाक पार्टी क्या करती है
वहाँ स्याह काली रातों में
मुहब्बत का एक उनींदा दस्तावेज
सोई पड़ी धरती पर फड़फड़ाता है
लगातार कुरेदती हुई हवा के सामने
नंगे सीने खड़े होने का एक सिलसिला है—

वे हथियारों-जैसे आदमी हैं
और आदमियों-जैसे हथियार
असल में न वे आदमी हैं न हथियार
वे हथियारों से आदमी के
टूट रहे याराने की कड़कड़ हैं

असल में वहाँ लोग हैं
दूर कुएँ को जाते रास्ते की रेत-जैसे
जिस पर कई सदियाँ गृहणियाँ भत्ता[1] उठाए चलती रहीं
सोचती हुई कि शायद कहीं कभी
यहाँ सड़क बन जाए
लेकिन सड़क पर चलनेवाले ट्रैक्टर-चालक को
न गृहणियों का पता होगा
न तारकोल के नीचे बिछी हुई रेत का—
उन्हें साईकल चाहिए
और रोटी की जगह खाने के लिए कोई भी चीज

---

1. कलेवा।

तुम्हें पता नहीं मैं पिटे हुए गीदड़ की तरह
क्यों भाग आया हूँ—विलायती अखबार के संपादक के पास से
जिसके रट्टनों के बगैर हाथ बहुत कोमल थे—
भैंस द्वारा चाटकर साफ की गई नथनी की तरह
लेकिन उसकी कतरी हुई दाढ़ी
जैसे कोई तपती हुई सलाख थी
जो आजादी की पहली सुबह की तरह
मेरी आँखों में घुस जाने लगी
उसके बैग में तह किए हुए बादलों के थान थे
और कैमरे में लालों का एक बासी हुआ पोखर
मैंने उसकी फिएट की डिग्गी में
अपने बचपन में हारे हुए आदमियों की डिब्बी देखी थी
लेकिन उसकी ओर जितनी बार हाथ बढ़ाया
कभी सेहत मंत्री खाँस पड़ा
कभी हरियाणा का आई. जी. हुंकारा
तुम्हें पता नहीं कितना असंभव था—
उसकी गैर-राजनीतिक राजनीति के
अजगर-जैसे फुत्कारते शब्द-बागों[1] से बचाकर
खुद को
तुम्हारे लिए साबुत ले आना···

वह संपादक और वैसे ही हजारों लोग
अपनी भद्दी देह पर सवार होकर आते हैं
और गाँव की पगडंडियों पर
घास से हरी चमक मर जाती है

ये लोग असल में रोशनी के भुनगों-जैसे हैं
जो दीया जलाकर पढ़ रहे बच्चों की नासिकाओं में
मितलाहट का भभूका बनकर चढ़ते हैं
मेरे शब्द उस दीये में
तेल की जगह जलना चाहते हैं
मुझे कविता का इससे अच्छा उपयोग नहीं पता
और तुम्हें पता नहीं
मैं शायरी में क्या समझा जाता हूँ!

1. लफ्फाजी।

युद्ध और शांति

हम जिन्होंने युद्ध नहीं किया
तुम्हारे शरीफ बेटे नहीं हैं जिंदगी !
वैसे हम हमेशा शरीफ बनना चाहते रहे
हमने दो रोटियों और जरा-सी रजाई के एवज में
युद्ध के आकार को सिकोड़ना चाहा
हम बिना शान के फंदों में शांति-सा कुछ बुनते रहे
हम बर्छी की तरह हड्डियों में चुभे सालों को उम्र कहते रहे
जब हर पल किसी अकड़ाए शरीक की तरह सिर पर गरजता रहा
हम संदूक में छिप-छिपकर युद्ध को टालते रहे

युद्ध से बचने की लालसा में हम बहुत छोटे हो गए
कभी तो थके हुए बाप को अन्नखाऊ बुड्ढे का नाम दिया
कभी चिंताग्रस्त बीवी को चुड़ैल का साया कहा
सदैव क्षितिज में नीलामी के दृश्य तैरते रहे
और हम नाजुक-सी बेटियों की आँख में आँख डालने से डरते रहे
युद्ध हमारे सिरों पर आकाश की तरह छाया रहा
हम धरती पर खोदे गढ़ों को मोर्चों में बदलने से झिझकते रहे

डर कभी हमारे हाथों पर बेगार बन उग आया
डर कभी हमारे सिरों पर पगड़ी बन सज गया
डर कभी हमारे मनों में सौंदर्य बनकर महका
डर कभी आत्मा में सज्जनता बन गया
कभी होंठों पर चुगली बनकर बुड़बुड़ाया
ऐ जिंदगी, हम जिन्होंने युद्ध नहीं किया
तुम्हारे बहुत पाखंडी बेटे हैं

युद्ध से बचने की लालसा ने
हमें लिताड़ दिया है घोड़ों के सुमों के नीचे
हम जिस शांति के लिए रींगते रहे
वह शांति बाघों के जबड़ों में
स्वाद बनकर टपकती रही
शांति कहीं नहीं होती—
आत्मा में छिपे गीदड़ों का हौंकना ही सबकुछ है

शांति—
घुटनों में गर्दन देकर जिंदगी को सपने में देखने की कोशिश है
शांति वैसे कुछ नहीं है
भूमिगत साथी से आँख बचा लेने के लिए
सड़क किनारे नाले में झुक जाना ही सबकुछ है
शांति कहीं नहीं होती
नारों की गरज से घबराकर
अपनी चीख में संगीत के अंश ढूँढना ही सबकुछ है
और शांति कहीं नहीं होती

तेल बगैर जलती फसलें,
बैंक की फाइलों के जाल में कड़कड़ाते गाँव
और शांति के लिए फैली बाँहें
हमारे युग का सबसे कमीना चुटकुला है

शांति बाँह में चुभी चूड़ी के आँसू जितना जख्म है
शांति बंद फाटक के पीछे
मरती हुई हवेलियों की हँसी है

शांति चौपालों में अपमानित दाढ़ियों की आह है
शांति और कुछ नहीं है

शांति दुखों और सुखों में बनी सीमा के सिपाही की राइफल है
शांति जुगाली करते विद्वानों के मुँह से गिर रही लार है
शांति पुरस्कार लेते कवियों की बढ़ी हुई बाजुओं का 'टुण्ड' है

शांति मंत्रियों के पहने हुए खद्दर की चमक है
शांति और कुछ नहीं है
या शांति गाँधी का जाँघिया है
जिसकी तनियों को चालीस करोड़ आदमियों को
फाँसी लगाने के लिए इस्तेमाल किया जा सकता है
शांति माँगने का अर्थ
युद्ध को जिल्लत के स्तर पर लड़ना है
शांति कहीं नहीं होती

युद्ध के बगैर हम बहुत अकेले हैं
अपने ही आगे दौड़ते हुए हाँफ रहे हैं
युद्ध के बगैर बहुत सीमित हैं हम
बस हाथ-भर में खत्म हो जाते हैं
युद्ध के बगैर हम दोस्त नहीं हैं
झूठी-झुठलाई भावनाओं की कमाई खाते हैं

युद्ध इश्क के शिखर का नाम है
युद्ध लहू से मोह का नाम है
युद्ध जीने की गर्मी का नाम है
युद्ध कोमल हसरतों के मालिक होने का नाम है
युद्ध शांति की शुरुआत का नाम है
युद्ध में रोटी के हुस्न को
निहारने-जैसी सूक्ष्मता है
युद्ध में शराब को सूँघने-जैसा एहसास है

युद्ध यारी के लिए बढ़ा हुआ हाथ है
युद्ध किसी महबूब के लिए आँखों में लिखा खत है
युद्ध गोद में उठाए बच्चे की
माँ के दूध पर टिकी मासूम उँगलियाँ हैं
युद्ध किसी लड़की की पहली
'हाँ' जैसी 'ना' है
युद्ध खुद को मोह-भरा संबोधन है

युद्ध हमारे बच्चों के लिए
धारियोंवाली गेंद बनकर आएगा
युद्ध हमारी बहनों के लिए
कढ़ाई के सुंदर नमूने लाएगा
युद्ध हमारी बीवियों के स्तनों में
दूध बनकर उतरेगा
युद्ध बूढ़ी माँ के लिए नजर की ऐनक बनेगा
युद्ध हमारे बुजुर्गों की कब्रों पर
फूल बनकर खिलेगा

वक्त बहुत देर
किसी बेकाबू घोड़े की तरह रहा है
जो हमें घसीटता हुआ जिंदगी से बहुत दूर ले गया है
और कुछ नहीं, बस युद्ध ही इस घोड़े की लगाम बन सकेगा
बस युद्ध ही इस घोड़े की लगाम बन सकेगा।

इमरजेंसी लगने के बाद

इस रहस्यपूर्ण मृत्यु में सिवाय इसके
कि कोई मर गया है, कुछ भी सच नहीं
बाकी सब अफवाहें हैं
कान-रस है
या उतरते शीत का सन्नाटा

अब मातम होगा या भीतर-ही-भीतर घी के चिराग जलेंगे
और एक उदासी—चुनी हुई कपास के खेत-जैसी
जो मरनेवाले के जीते हुए भी थी
यहाँ हमारे दरवाजों के कब्जों के साथ
जो खुलते बंद होते लगातार चीखती

इस रहस्यपूर्ण मृत्यु में कुछ भी सच नहीं सिवाय इसके
कि कब्रें तैयार नहीं अपना स्वभाव बदलने के लिए
और आदमी पींग की लौटती हिलोर के आखिरी हिस्से की तरह
उत्तेजना से इकट्ठा हो रहता है
खुशी व डर को अपनी जाँघों में दबाए हुए
निर्विघ्न समाप्त होने की अरदास
हमारे कानों के भीतर सिक्का भरती रहती है

और यह डर कि हार जाएगा गुरुवार आखिर
शुक्रवार के पहले नगारे से
कुछ को कातिल बनने का बोध देता है

तो भी इस कत्ल में दोषी सिर्फ बंदूकधारी नहीं
हम भी हैं जिनकी आँखों का सुरमा
हमारे आँसुओं के लिए कर्फ्यू बन गया
कुछ भी हो, एक उसके मरने के सिवाय
और बाकी सब अफवाहें हैं, कान-रस है।

तीसरा महायुद्ध

कचहरियों के बाहर खड़े
बूढ़े किसान की आँखों में मोतियाबिंद उतर आएगा
शाम तक हो जाएगी सफ़ेद
रोजगार दफ्तर के आँगन में थक रही ताजी उगी दाढ़ी
बहुत जल्द भूल जाएगा पुराने ढाबे का नया नौकर
अपनी माँ के हमेशा ही धुत्त मैले रहनेवाले
पोने की मीठी महक
ढूँढ़ता रहेगा किनारे सड़क के वह निराश ज्योतिषी
अपने ही हाथ से मिटी हुई भाग्य-रेखा
कार तले कुचले गए और पेंशन लेने आए
पुराने फौजी की टूटी हुई साईकल
तीसरा महायुद्ध लड़ने को सोचेगी

तीसरा महायुद्ध
जो नहीं लड़ा जाएगा अब
जर्मनी और भाड़े के टट्टुओं के बीच
तीसरा महायुद्ध सीनों में खुर रही
जीने की बादशाहत लड़ेगी
तीसरा महायुद्ध गोबर से लिपी
छतों की सादगी लड़ेगी
तीसरा महायुद्ध कमीज से धुल न सकनेवाले
बरोजे की छींटें लड़ेंगी
तीसरा महायुद्ध
पेशाब से भरी रुई में लिपटी कटी हुई उँगली लड़ेगी

जुल्म के चेहरे पर चमकती
बनी-सँवरी नजाकत के खिलाफ
धरती को कैद करना चाहते चाबी के छल्ले के खिलाफ
तीसरा महायुद्ध
कभी न खुलनेवाली मुट्ठी के खिलाफ लड़ा जाएगा
कोमल शामों के बदन पर रेंगनेवाले
सेह के काँटों के खिलाफ लड़ा जाएगा
तीसरा महायुद्ध उस दहशत के खिलाफ लड़ा जाएगा
जिसका अक्स दंदियाँ[1] निकालती मेरी बेटी की आँखों में है
तीसरा महायुद्ध
किसी फटी-सी जेब में मसल दिए गए
एक छोटे-से संसार के लिए लड़ा जाएगा।

1. दूधिया दाँत।

लड़े हुए वर्तमान के रू-ब-रू

मैं आजकल अखबारों से बहुत डरता हूँ
जरूर उनमें कहीं न कहीं
कुछ न होने की खबर छपी होगी
शायद आप जानते नहीं, या जानते भी हों
कि कितना भयानक है कहीं भी कुछ न होना
लगातार नजरों का हाँफते जाना
और चीजों का चुपचाप लेटे रहना—किसी ठंडी औरत की तरह

मुझे तो आजकल चौपालों में होती गपशप भी ऐसे लगती है
जैसे किसी झूमना चाहते वृक्ष को
साँप गुंजलक मारकर सो रहा हो
मुझे डर है—खाली कुर्सियों की तरह कम हुई दीखती
यह दुनिया हमारे बारे में क्या उलटा-पुलटा सोचती होगी
अफसोस है कि सदियाँ बीत गई हैं
रोटी, काम और श्मशान अभी भी समझते होंगे
कि हम इनकी खातिर ही हैं···
मैं उलझन में हूँ कि कैसे समझाऊँ
लजीले सवेरों को
संगठित रातों और शरीफ शामों को
हम कोई इनसे सलामी लेने नहीं आए
और साथ को साथ-जैसा कुछ कहाँ है
जो आलिंगन के लिए खुली बाँहों से
बस हाथ-भर की दूरी पर तड़पता रहे—
आजकल हादसे भी मिलते हैं तो ऐसे

जैसे कोई हाँफता हुआ बूढ़ा
वेश्या की सीढ़ी चढ़ रहा हो
कहीं कुछ इस तरह का क्यों नहीं है
जैसे किसी पहली को कोई पहला मिलता है

भला कहाँ तक जाएगा
सींगोंवाली कब्र के आगे दौड़ता हुआ
महात्मा लोगों का वरदान दिया हुआ यह मुल्क
आखिर कब लौटेंगे, घटनाओं से गूँजते हुए घरों में
हम जीने के शोर से जलावतन हुए लोग
और बैठकर अलावों पर कब सुनेंगे, आग के मिजाज की बातें

किसी न किसी दिन जरूर अपने चुंबनों से
हम मौसम के गालों पर चटाख डालेंगे
और सारी की सारी धरती अजीबो-गरीब अखबार बनेगी
जिसमें बहुत कुछ होने की खबरें
छपा करेंगी किसी न किसी दिन।

है तो बहुत अजीब

'गर तुम मुकलावे न जातीं, तुम्हें भ्रम रहना था
कि रंगों का अर्थ फूल ही होता है
बुझी हुई राख की गंध नहीं होता
तुम्हें मुहब्बत को किसी मौसम का नाम ही समझते रहना था

तुमने शायद सोचा हो—
तुम्हारे करोशिए से बनाए अक्षर एक दिन बोल उठेंगे
या गँदलाए पानियों में भीग न सकेंगे
बटन जोड़-जोड़कर बुने हुए बत्तख के पंख
तुमने कभी न सोचा होगा कि मुकलावा
दहेज के बर्तनों की खनक में
नूपुर की चुप का बिना कफन जलना है
या रिश्तों के सेंक में, रंगों का तिड़क जाना है—
सुरिंदर कौर[1] को फिर कभी नहीं दीखती
हादसों के इंतजार में बैठी छिंदो
इस कदर बन जाती है, महज घटनाओं की दीवार
असल में मुकलावा कभी न आनेवाली समझ है
कि किस तरह
कोई भी गाँव
धीरे-धीरे बदल जाता है 'दानाबाद' में
मुकलावा[2] असल में लालसाओं का पिघलकर
चारपाइयों, पीढ़ों, बुहारियों में बदलना है···
है तो बड़ा अजीब कि हथेलियों पर पाले सच को
ऐसे ही कच्ची-सी मेहँदी से झिड़क देना

या उजड़ गए मेले के वीरान अखाड़े की
साँय-साँय को साँसों में पिरो लेना
या जोते हुए खेतों में दफन
हजारों बार कुचली पगडंडियों को याद करना—
— — — —

अब जबकि किनारे पर ही डूब गई है बटनोंवाली बत्तख
अभी भी हादसों के इंतजार में बैठी है छिंदो
महज घटनाओं की दीवार के उस पार
जो कभी कोई लाँघ न सका
है तो बड़ा अजीब कि मैं जो कुछ नहीं लगता तुम्हारा
दीवार के इधर भी और उधर भी, मरी हुई
और मरने जा रही बत्तखों को उठाए फिरता हूँ!

---

1. पंजाबी की प्रसिद्ध गायिका। 2. गौना।

अपनी असुरक्षा से

यदि देश की सुरक्षा यही होती है
कि बिना जमीर होना जिंदगी के लिए शर्त बन जाए
आँख की पुतली में 'हाँ' के सिवाय कोई भी शब्द
अश्लील हो
और मन बदकार पलों के सामने दंडवत झुका रहे
तो हमें देश की सुरक्षा से खतरा है

हम तो देश को समझे थे घर-जैसी पवित्र चीज
जिसमें उमस नहीं होती
आदमी बरसते मेंह की गूँज की तरह गलियों में बहता है
गेहूँ की बालियों की तरह खेतों में झूमता है
और आसमान की विशालता को अर्थ देता है

हम तो देश को समझे थे आलिंगन-जैसे एक एहसास का नाम
हम तो देश को समझते थे काम-जैसा कोई नशा
हम तो देश को समझे थे कुर्बानी-सी वफा
लेकिन 'गर देश
आत्मा की बेगार का कोई कारखाना है
'गर देश उल्लू बनने की प्रयोगशाला है
तो हमें उससे खतरा है

'गर देश का अमन ऐसा होता है
कि कर्ज के पहाड़ों से फिसलते पत्थरों की तरह
टूटता रहे अस्तित्व हमारा

और तनखाहों के मुँह पर थूकती रहे
कीमतों की बेशर्म हँसी
कि अपने रक्त में नहाना ही तीर्थ का पुण्य हो
तो हमें अमन से खतरा है

'गर देश की सुरक्षा ऐसी होती है
कि हर हड़ताल को कुचलकर अमन को रंग चढ़ेगा
कि वीरता बस सरहदों पर मरकर परवान चढ़ेगी
कला का फूल बस राजा की खिड़की में ही खिलेगा
अक्ल, हुक्म के कुएँ पर रहट की तरह ही धरती सींचेगी
मेहनत, राजमहलों के दर पर बुहारी ही बनेगी
तो हमें देश की सुरक्षा से खतरा है।

तुम्हारे बगैर

तुम्हारे बगैर मैं बहुत खचाखच रहता हूँ
यह दुनिया सारी धक्कमपेल सहित
बे-घर पाश की दहलीजें लाँघकर आती-जाती है
तुम्हारे बगैर मैं पूरे का पूरा तूफान होता हूँ
ज्वारभाटा और भूकंप होता हूँ

तुम्हारे बगैर
मुझे रोज मिलने आते हैं आइन्स्टाइन और लेनिन
मेरे साथ बहुत बातें करते हैं
जिनमें तुम्हारा बिल्कुल ही जिक्र नहीं होता
मसलन : समय एक ऐसा परिंदा है
जो गाँव और तहसील के बीच उड़ता रहता है
और कभी नहीं थकता
सितारे जुल्फों में गूँथे जाते
या जुल्फें सितारों में—एक ही बात है
मसलन : आदमी का एक और नाम मेनशेविक है
और आदमी की असलियत हर साँस में बीच को खोजना है
लेकिन हाय-हाय !···
बीच का रास्ता कहीं नहीं होता
वैसे इन सारी बातों से तुम्हारा जिक्र गायब रहता है

तुम्हारे बगैर
मेरे पर्स में हमेशा ही हिटलर का चित्र परेड करता है
उस चित्र की पृष्ठभूमि में

अपने गाँव की पूरे वीराने और बंजर की पटवार होती है
जिसमें मेरे द्वारा निक्की के ब्याह में गिरवी रखी जमीन के सिवा
बची जमीन भी सिर्फ जर्मनों के लिए ही होती है

तुम्हारे बगैर, मैं सिद्धार्थ नहीं—बुद्ध होता हूँ
और अपना राहुल
जिसे कभी जन्म नहीं देना
कपिलवस्तु का उत्तराधिकारी नहीं
एक भिक्षु होता है

तुम्हारे बगैर मेरे घर का फर्श—सेज नहीं
ईंटों का एक समाज होता है
तुम्हारे बगैर सरपंच और उसके गुर्गे
हमारी गुप्त डाक के भेदिए नहीं
श्रीमान् बी. डी. ओ. के कर्मचारी होते हैं
तुम्हारे बगैर अवतार सिंह संधू महज पाश
और पाश के सिवाय कुछ नहीं होता

तुम्हारे बगैर धरती का गुरुत्व
भुगत रही दुनिया की तकदीर होती है
या मेरे जिस्म को खरोंचकर गुजरते अ-हादसे
मेरा भविष्य होते हैं
लेकिन किदर ! जलता जीवन माथे लगता है
तुम्हारे बगैर मैं होता ही नहीं।

शोक-समारोह में

दाढ़ी में सूख गए आँसू के मातम में
आएँ दो पल के लिए मौन खड़े हो जाएँ
और जरा सोचें
इस बूढ़े ने जिंदगी को
गुड़ की डली की तरह कल्पित किया होगा
लेकिन उम्र-भर नजरों से
प्याज का बिंब नहीं तोड़ सका

सोचें चमकते दिन की मुस्कान के बारे में
जो हर रोज इसका खींचा हुआ रक्त लेकर
धीमे से उतर जाता रहा रात के तहखाने में
आएँ उस इतिहास के बारे में सोचें
जिसने इस साजिश को वक्त क़ा नाम दिया

राजधानी से बहुत दूर दम तोड़ गई
कमजोर आह की याद में
आएँ सिर झुकाएँ
और पल-भर के लिए विश्वास कर लें
कि मरती आह को
हमारे राष्ट्रीय झंडे से
बेहद प्यार आया होगा ।

हमारे समयों में

यह सबकुछ हमारे ही समयों में होना था
कि समय ने रुक जाना था थके हुए युद्ध की तरह
और कच्ची दीवारों पर लटकते कैलेंडरों ने
प्रधानमंत्री की फोटो बनकर रह जाना था

धूप से तिड़की हुई दीवारों के परखचों
और धुएँ को तरसते चूल्हों ने
हमारे ही समयों का गीत बनना था

गरीब की बेटी की तरह बढ़ रहा
इस देश के सम्मान का पौधा
हमारे रोज घटते कद के कंधों पर ही उगना था
शानदार एटमी तजर्बे की मिट्टी
हमारी आत्मा में फैले हुए रेगिस्तान से उड़नी थी

मेरे-आपके दिलों की सड़क के मस्तक पर जमना था
रोटी माँगने आए अध्यापकों के मस्तक की नसों का लहू
दशहरे के मैदान में
गुम हुई सीता नहीं, बस तेल का टिन माँगते हुए
रावण हमारे ही बूढ़ों को बनना था
अपमान वक्त का हमारे ही समयों में होना था
हिटलर की बेटी ने जिंदगी के खेतों की माँ बनकर
खुद हिटलर का 'डरौना'
हमारे ही मस्तकों में गड़ाना था

यह शर्मनाक हादसा हमारे ही साथ होना था
कि दुनिया के सबसे पवित्र शब्दों ने
बन जाना था सिंहासन की खड़ाऊँ—
मार्क्स का सिंह-जैसा सिर
दिल्ली की भूल-भुलैयों में मिमियाता फिरता
हमें ही देखना था
मेरे यारो, यह कुफ़्र हमारे ही समयों में होना था

बहुत दफा, पक्के पुलों पर
लड़ाइयाँ हुईं
लेकिन जुल्म की शमशीर के
घूँघट न मुड़ सके[1]
मेरे यारो, अपने अकेले जीने की खाहिश कोई पीतल का छल्ला है
हर पल जो घिस रहा
न इसने यार की निशानी बनना है
न मुश्किल वक्त में रकम बनना है

मेरे यारो, हमारे वक्त का एहसास
बस इतना ही न रह जाए
कि हम धीमे-धीमे मरने को ही
जीना समझ बैठे थे
कि समय हमारी घड़ियों से नहीं
हड्डियों के खुरने से मापे गए

यह गौरव हमारे ही समयों को मिलेगा
कि उन्होंने नफरत निथार ली
गुजरते गँदलाए समुद्रों से
कि उन्होंने बींध दिया पिलपिली मुहब्बत का तेंदुआ
और वह तैरकर जा पहुँचे
हुस्न की दहलीजों पर

यह गौरव हमारे ही समयों का होगा
यह गौरव हमारे ही समयों का होना है।

---

1. तलवारों का रुख न मुड़ना।

कामरेड से बातचीत-1

ऐ ठंडी देगची, तुम्हें और
तुममें उबल रहे वक्तों को सलाम
ऐ फिसलते पक्षी, तुम्हें और
तुममें जाम हुए अंबर को सलाम
हे जलते वनों के योगी
तुम्हारे सीलन भरे जत-सत
और तुम्हारे राख हो गए रब्ब—दोनों को नमस्कार

नमस्कार—मेले में रूठे खड़े बच्चे को
जिसकी जिद है लाख के रंगीन घोड़े के लिए
और गैंडे की बेसुरी शहनाई के लिए
सलाम—भीग रही मसों पर आदतन फिर रहे
जानदार हाथ को
प्यारे कामरेड,
हम दोनों के जिस्म में
पल-पल घट रहे श्मशान को मेरी वंदना है
कामरेड, जानते हो यह बूर्ज्वाजी
शराब की तरह पुरानी हो गई है
और हम मांस के टुकड़े की तरह
कामरेड, मध्यवर्ग अभी भी भगोड़ा है—
संघर्ष से नहीं, यह पागलखाने से
निकल भागा मुजरिम है और
कभी तो घरवालों, कभी पुलिस की तरह
सिद्धांत इसका पीछा कर रहे हैं

कामरेड, क्षमा करना, उसे गाली देना ठीक नहीं
जो केवल अपनी ही पीछे छूट गई गूँज है

यह वक्त बहुत खूँखार है साथी !
कि महान एंगेल्स की 'परिवार, व्यक्तिगत संपत्ति और राज्य
हमने एक साथ पढ़ी थी
तुमने उस दिन खत्म हो रही व्यक्तिगत संपत्ति पर थूका
परिवार से विदा लेकर
राज्य से टकराने चले गए
और मैं घर की छतों से गिर रहे घुन का
राजसत्ता की तरह मुकाबला करता हुआ
'परिवार' शब्द से अर्थों के खत्म हो जाने को रोकता रहा

यह बहुत खूँखार इत्तिफाक है साथी !
कि महान एंगेल्स को पढ़ते हुए
जब 'इत्तिफाक' के महत्त्व का जिक्र आया
तब तुम भाषा और दिमाग के फलने में
यंत्र का योगदान सोचते हुए
गुमसुम चले गए थे
कमरे से बाहर जहाँ रात और सुबह
धरती के उलटे सिरों पर खड़े होकर
लड़ रही थीं कच्ची उम्र के आशिकों की तरह
एक होने के लालच में

वैसे तो हर चीज सैद्धांतिक स्तर पर सही थी
ठीक था मुझे अकेला छोड़ जाना तुम्हारा
इत्तिफाक के बारे में पढ़ने के लिए
तुम्हारा संघर्ष में कूदना
और मेरा पीठ दिखा जाना
तुम नहीं समझ सकते कामरेड,
सबकुछ सही था।

कामरेड से बातचीत-2

अपनी छोटी उम्र में तिनके चुनकर
सृजित जंगल
जागते सपनों में फैल-फैलकर सघन हो गए
और उन जंगलों से कभी-कभी
तुम्हारे फायरों की आवाज
यहाँ पहुँचती रही है
मैं उसे माँ की गूँगी आहों में
भरकर सुनता रहा हूँ
लेकिन वह चंदरी फायरों की आवाज
कभी भी मिल न सकी
अपनी गुड्डो के पगले गीतों से

कामरेड, यह गुड्डो बहुत क्रांतिविरोधी निकली
निरी वर्ग-शत्रु !
यह मेरी विद्वता भरी पुस्तकों के नीचे
गीटे छिपा देती है
लाख समझाने पर भी समाज के भविष्य से
थाली खेलने की ज्यादा चिंता करती है
उसका लेनिन को 'गंजा पकड़नेवाला' कहना
और माओ को शर्मा थानेदार-जैसे गलीज से मिला देना
भला तुम खुद सोचो
कितना असहनीय है⋯

तुम्हारे बाद मैं गया तो कहीं नहीं
तुम अपनी दूरंदेशी से

जिसे टूटती साँसों में बेसहारा छोड़ गए थे
मैं उस बदनसीब घर के
अ-घर होने के सफर में शामिल रहा हूँ
तुम्हारे बाद मैं कामरेड,
घर के टूटने को
घरों का फैसला समझने का अभ्यास करता
बारिश की तरह बरसा हूँ
सिकुड़ती जा रही छतों पर
फैलते जा रहे आँगनों में
मैं जीवन में भागता रहा हूँ
उस आदमी की प्यास से
जिसे पता हो
अगले ही क्षण अपने अंधे हो जाने का
कामरेड, इस तरह भागते व्यक्ति को
'दौड़ाक' या 'भगोड़ा' कहने में जरा सुविधा तो है
लेकिन हर दौड़ का आना या जाना
मेनिफेस्टो बिल्कुल नहीं होता।

कामरेड से बातचीत-3

कामरेड, स्टेट तुम्हारे लिए सिर्फ एक खुरली है
पाँच रोमन ईंटों की
जहाँ तुम्हें चार सींगोंवाला साँड पलता दिख रहा है
मेरी ओर देख–सिद्धांतों की आवारा दस्तावेज को…
मेरे लिए अब 'अदालत' शब्द या परिभाषा नहीं रही
बाँस के सुए की तरह मेरे बीच में से उग आता है
हर पेशी का दिन–
शायद मैं अपने इंसान होने पर
अभी भी यकीन करता
'गर कहीं अंतरिक्ष के संदेश-सी अजीब
एक आवाज के भीतर के अँधेरे की
मैंने साँय-साँय न सुनी होती
'पा…श…बनाम…स्टे…ट!'
कामरेड, क्या सच मान सकते हो
उस आवाज को सुनने के बाद
न कोई पाश रह सकता है, न स्टेट…

काश, मैंने भोगी न होती, अंतिम सिरे की खौफनाक निर्लिप्तता
जो फाइलें चुनते नायब कोर्ट के
मुँह पर टपकती थी
काश, मुझे उस तरह की नींद का अंदाजा न होता
जिसमें लंच से पहले और बाद
जज तैरते हैं

जिन्होंने देखा हुआ है दोआबे[1] में
दंगों के बाद बचा तलवन नामक गाँव
वे मेरा दिल समझ सकते हैं
जहाँ मैंने कभी एक चंडीगढ़ बनाना चाहा था

प्यारे कामरेड, अब व्यर्थ है मेरे लिए
तुम्हारी खुफिया रातों के स्कूल
मैंने धरती की तपती लौह के नीचे
देखा है एकटक जलता मेकियावली का श्मशान
मैंने स्टेट को देखा है लोगों के सहारे लड़ते
कभी लोगों से, कभी लोगों के लिए
मैंने देखे हैं अरस्तू व स्तालिन
सदियों लंबे युद्ध लड़ते
केवल यह परिभाषित करने के लिए
कि आदमी किस किस्म का पशु है

'गर पशु को भूलकर देखो कामरेड,
बहुत-सी बातों को खुद आसमान अभी नहीं जानता
जिनसे वाकिफ है सिर्फ आदमी का लहू
आदमी के लहू में बंदूक की परछाईं डूब जाती है
शाम के झुटपुटे में जैसे
थके जाट के शराबी गीत डूब जाते हैं
और यह जो बहस की खातिर बहस कर रहे यों ही
धरती, सितारे, समुद्र,
ऊर्जा, लहरें और चाँद—इनके मुफ्त के शोर में घिरा
आदमी का बहादुर लहू
बेहद सहनशील होता है
कामरेड, तुम्हारा स्तालिन बहुत बड़बोला था
जानता नहीं था कि आदमी के रक्त में
सही इतिहास का सही बदल भी होता है
जिसे वह सही इतिहास कहता था

---

1. पंजाब का एक विशेष इलाका।

वह सिर्फ इत्तिफाक के घूमते पंखे के
आगे आ गए पंखों में एक पंख था

किसी भी आज की गर्दन पर हाथ रखकर
वक्त को पकड़ने का ऐलान
तुम्हें कैसा लगता है कामरेड!
और शब्द 'STATE' में दोनों में से तुम्हें
कौन-सी 'T' पसंद है कामरेड?
अफलातून का गणराज्य
अरस्तू का राज्यधर्म
और ट्राट्स्की की खोपड़ी में धँसी कोमिनटर्न की कुल्हाड़ी
कामरेड, तुम्हें तीनों में कोई रिश्तेदारी लगती है?
आदमी का गर्म लहू ठंडे फर्श पर फैलना
और नस्ल में सुधार का बहाना
तुम्हें कैसा लगता है कामरेड?

इस चार सींगवाले साँड ने तो हमेशा ही
मनुष्य की आत्मा से हरियाली चाटी है
मनुष्य की आत्मा को सभी युगों में
इस प्रेत की हवा आती रही है
मैंने इस प्रेतात्मा की शिला काटते तपस्वी देखे हैं
जिन्हें धीरे-धीरे तपस्या करने का ही नशा हो जाता है
और वश करने की इच्छा
पिछले जन्म की तरह भूल जाती हैं
मैं नहीं समझता साथी, अब कभी
यह प्रेत बनने की आदी हो गई आत्मा
अगला जन्म भी लेगी
मैं नहीं समझता साथी,
तुम्हारे लिए भी शिला ही काटना
कब तक समय काटना नहीं बनता

कामरेड, क्या बनेगा उस दिन
जब कभी राजसत्ता छीनने की हसरत को
ऐसे हँसना पड़ा
जैसे कोई वृद्ध युगल हार चुके अंगों से
वह चंद्रमा पकड़ना चाहे
जो गौने की पहली भोर में अस्त हुआ था

कामरेड से बातचीत-4

तुम्हें पता नहीं कामरेड,
तुमने शब्दों को क्या कर डाला है
उनमें लिपटी संवेदनाओं ने
भला तुम्हारा क्या छीना था ?
क्यों तुमने उन्हें अफसरशाह दलालों की
तकदीर दी
कामरेड, क्यों वर्ग-घृणा के ढेर
उनका दहेज बन गए ?

सिर्फ अपनी सुविधा के लिए तुमने
शब्दों को तराशना सीख लिया है
जैसे हदबंदी के लिए कोई पटवारी से मिलता है
तुमने उन्हें इस तरह कभी नहीं देखा
जैसे अंडों में मचल रहे चूजे हों
जैसे बारिश में चू रही साँवली दोपहर में
धूप घुली हो

मैंने शब्दों को झेला है, उनके तीखे नुकीले रूप में
किसी भी मौसम के कोप से भागनेवालों को
मैंने अपने रक्त में शरण दी है
मैं गुरु गोबिंद सिंह नहीं—
इन्हें कविता का कवच पहनाकर भेजने के बाद
बहुत-बहुत देर रोया हूँ

जब तुम्हारी तकदीर के पिटे हुए शब्द
प्रस्तावों की धूप में जलते हैं
मेरी कविता की छाया
उनकी मौत के साथ लड़ती हुई
अपने बदन की नजाकत खो बैठती है
मैं जिससे राक्षसी टोलों के घेरे तोड़ सकता हूँ
तुम उसकी कलमें तोड़कर
कायर आलोचकों के लिए मौज की दावत बना देते हो कामरेड !
खुफिया पुलिस के विद्वानों के लिए बने तो बने
कामरेड, तुम्हारे लिए क्यों बनती है
शेखी…कवि की पराजय
कामरेड, तुमने पराजितों से घृणा करना सीखा है
उन्हें तुम जानते भी नहीं
जो केवल जीत न सके।

कामरेड से बातचीत-5

अखबार तुम्हें कभी-कभी मिलता है कामरेड ?
तुम इन टुकड़खोर खबरों का बिलकुल सच न मानना
पिछले वर्ष जो डूबकर मरी थी गाँव के पोखर में
वह माँ नहीं थी
यों ही नीली छत से ईंट उखड़कर जा गिरी थी
माँ तो पहले 'रेड' पर ही
गोर्की के नावल में तैरने की कोशिश करती हुई
पुलिस की पहुँच से भाग निकली थी
वह अब भी कभी तो नावल के किनारों को
घूरती है
और कभी अपनी ही आशिष की तरह खुरने लगती है

और पिछले दिनों जिस शायर के
सुरक्षित पार्टी में मिल जाने की खबर थी
वह मैं नहीं था, बाहर की दीवार के पास का डेक वृक्ष था
जिससे बुरी आत्माएँ पुलिस की वर्दी पहन
उतरना और चढ़ना सीख गई थीं
मैं तो उस खबर के छपने से बहुत पहले ही
जब शब्दों में रात उतर रही थी
और अँधेरे के नाग नामों पर कुंडली मार रहे थे
मैं शब्द 'पार्टी' की बची-खुची संवेदना चुराकर
फिसल गया था चोरी से
मनुष्य के हों-हल्ले में
जब मेरे ही कदम सुन रहे थे मुझे

प्रेम-कविताओं की तरह
मैं उस डूब रही संवेदना को सावधानी से
कव्वों के अंडों में रख आया था

वैसे मैंने साधुसिह और जीरवी[1] के पास
कई बार खबरों का गिला किया
उनका कहना है कि खबरों का लकवा
उन्हें अपने पैरों पर चलने नहीं देता
तुम्हारे पास पहुँचने के लिए
वे हमारी मौत की बैसाखी माँगती हैं
इनका सच मानते तो
हम तुम्हें कई बार रो चुके होते
मैं हर बार झपट की खबर पढ़कर
माँ से कहता हूँ–
वह तुम नहीं, तुम्हारे नाम का कोई और योद्धा था
माँ को व्याकरण की बारीकी का पता नहीं न
बुढ़ापे की सर्द मासूमियत में ठिठुरती हुई
वह व्यक्तिवाचक संज्ञा को जातिवाचक और जातिवाचक को
समूहवाचक समझ लेती है
उसके लिए जब भी नाम पर गोली चलती है
कोई जाति या किसी भाव का कत्ल होता है
कामरेड, माँ वैसे ही पगलाई-सी है
हम दोनों और खबरें उसे बदल नहीं सके
वह तुम्हें देर से आने के लिए
घर की किसी भी चीज़ से
या पूरे घर से पीटेगी और बाद में
तुम्हारे मुँह में सूखा हुआ दूध ठूँस देगी !

---

1. पंजाबी अखबारों के संपादक।

कामरेड से बातचीत-6

घर और खबरों के बावजूद
मैं हाजिर हूँ कामरेड !
जैसे कोई आला झाँकता है उजड़े घर के मलबे से
जले हुए प्रेम-पत्र में जैसे कोई शब्द बच जाता है
जैसे परदेश कमाई करने गए की
बंद बक्से में लाश लौटती है
जैसे देर से गुम बेटे के संदूक से करधनी मिल जाए
गर्भ के गिरने से जैसे
किसी के मन में कँवारापन लौट आए
या गीत मुँह पर न आए—गीत का जैसे
भाव तिर आए

मैं कुछ इस तरह बच आया
मायाधारियों की पुलिस से
अपने मध्यवर्गीय पाखंडी दंभ से
कहाँ है लाल पिस्तौल तुम्हारा कामरेड !
इसे मेरी बूर्ज्वा उदासी पर आजमाओ

कवि हूँ न ?
मेरे सीने में हर दिशा पश्चिम है
जिसमें डूब जाते हैं बड़बोले सूर्य
ऐसे ही कभी-कभी जब ज्यादा बोले
पता नहीं चलता कब असमय छिप जाता है
वर्ग-घृणा का सूर्य

और मेरा समय की बूढ़ी हुई मुस्कान को
भींचने का मन होता है
चाहने लगता हूँ पल के पल
अचानक कहीं से आए न्यूटन का वह दरवेश डायमंड
फिर एक बार फेंके जलती मोमबत्ती

मेरे जेहन के खुले दराज में
इससे पहले कि मेरे जेहन में मौजूद
तमाम अधूरी सूचनाएँ
किसी सिद्धांत में बदलें, उन्हें जला दें
उनके न जलने में बहुत खतरा है

कवि हूँ न ?
अकारण ही घिर आता है दिल
वैसे भला क्या है
गूँगे पत्थरों में जज्ब हो रही शाम
गधे के साज में हिलती ईंटों का रगड़-संगीत—
झड़ने से बच गए पतझड़ी पत्तों पर
टिकी हुई मटमैली धूप
या भला क्या है ?
धरती की गोद में यह प्यारा संसार
चित पहलवान कीं आँखों में घूमते अखाड़े-जैसा
जो खामखाह रिस आता है
मेरी मरुस्थली निगाहों में

सोचें तो क्या है कामरेड !
वैसे भला क्या है कामरेड !

समकालीन पंजाब से संदर्भित कविताएँ
(1978-88)

कुएँ*

कुएँ अब बहुत थोड़े बचे हैं
लेकिन वे बिल्कुल अकेले-से जहाँ भी हैं
अँधेरे से सुरक्षित नहीं हैं
जो उनमें प्यास के बहाने उतरता है
और मौत भर देते हैं
सबसे भोले-भाले पंछियों के अंडों में

फसलों के लिए बेकार होने के बाद
कुएँ अब बहुत थोड़े-से बचे हैं
उनकी खास जरूरत नहीं है 'भागों भरी' धरती को
लेकिन अँधेरे को उनकी जरूरत है
किसी भी गुटकती उड़ान के खिलाफ
अँधेरा उन्हें मोर्चे के लिए इस्तेमाल करता है

कुएँ अब बेशक थोड़े हैं
रोज शंख की गूँज से डरती नींद में
मौत की श्लाघा करते हुए भजनों की तलाश में
और अतीत के गुण गाती चिंघाड़ों में
लेकिन अभी भी काफी हैं कुएं
उनमें पगलाया अँधेरा अभी चिंघाड़ता है
दुआ के लिए उठते हाथों की हथेलियाँ जो कुओं का सृजन करती हैं

---

* 'कुएँ' शीर्षक पाश की एक लंबी कविता के कुछ अंश। 'कुएँ' शब्द का प्रयोग यहां आतंकवादियों के प्रतिक्रियावादी विचारों के प्रतीक-रूप में हुआ है।

सबूते-इंसान को निगलने के लिए
सिर्फ उसके अंदर का अँधेरा काफी है
इन कुओं में तिलमिलाता फनियर अँधेरा
किसी भी वक्ष के भीतर खिली रोशनी की साँस खींच लेता है
कुएँ तुम्हें मृत सदियों से जोड़ते हैं
कुएँ तुम्हें गूँज के नशे से लगाकर
अपने ज़ख्मों को गाना सिखाते हैं
कुएँ नहीं चाहते कि धुल जाए आपकी स्मृति से
खोपों[1] के जुतने का दृश्य
वस्तु या मशीन नहीं
अब कुएँ मुकम्मिल फिलासफी हैं
कुएँ तो चाहते हैं उनके संग जुड़ी हर भयावहता
आपके भीतर पीछे की ओर गिड़ती रहे

कुएँ आपके साथ बसों में सफर करते हैं
उनके भीतर का अँधेरा आदमी की भाषा छीन
सिर्फ मिमियाना सिखाता है
कुएँ आपकी छातियों में सरसराते हैं
शवयात्रा से लौटते हुए जब आप में
बच जाने की कृतज्ञता गाती है
बचाव का आखिरी युद्ध लड़ता अँधेरा
अब बेहद खूँखार हो चुका है
बचाव का आखिरी युद्ध लड़ता अँधेरा
हर चीज बेधते हुए
आपकी जगमगाती दुनिया के आरपार निकलना चाहता है
आपके बोलों की चमक में रिसने के लिए
अँधेरा अपने चोर अड्डों समेत अब बेहद तरल हो चुका है
इस तरल अँधेरे के खिलाफ
अब आप पहले की तरह नहीं लड़ सकते
कोई सुविधाजनक और अनचाही ठंडी लड़ाई

---

1. आँखों ढँके बैलों का जुतना।

इतने तरल अँधेरे के खिलाफ
आपका सुविधामय अस्तित्व बेहद नाकाफी है
इतने तरल अँधेरे के बिल्कुल पड़ोस में जीते हुए
आप निहत्थे नहीं चल सकते।

—हस्तलिखित पत्रिका 'हाक' (1982) से

धर्म-दीक्षा के लिए विनयपत्र

मेरा एक ही बेटा है धर्मगुरु !
आदमी बेचारा सिर पर रहा नहीं
तेरे इस तरह गरजने के बाद
आदमी तो दूर-दूर तक नहीं बचे
अब सिर्फ औरतें हैं या शाकाहारी दोपाए
जो उनके लिए अन्न कमाते हैं
धर्मगुरु, तुम सर्वकला-संपन्न हो !
तुम्हारा एक मामूली-सा तेवर भी
अच्छे-खासे परिवारों को बाड़े में बदल देता है
हर कोई दूसरे को कुचलकर
अपनी गर्दन तीसरे में घुसेड़ता है
लेकिन धर्मगुरु, मेरी तो एक ही गर्दन है—
मेरे बच्चे की···
और आदमी बेचारा सिर पर रहा नहीं

मैं तुम्हारे बताए हुए इष्ट ही पूजूँगी
मैं तुम्हारे पास किए हुए भजन ही गाऊँगी
मैं दूसरे सभी धर्मों को फिजूल कहूँगी
लेकिन धर्मगुरु, मेरी एक ही जबान बची है—
मेरे बच्चे की···
और आदमी बेचारा रहा नहीं

मैं पहले बहुत पगलाई रही हूँ अब तक
मेरे परिवार का जो धर्म होता था

मेरा उस पर भी कभी ध्यान नहीं गया
मैं परिवार को ही धर्म मानने का कुफ्र करती रही हूँ
मैं पगली सुन-सुनाकर, पति को ही ईश्वर कहती रही हूँ
मेरे जाने तो घर के लोगों की मुस्कराहट और त्योरी ही
स्वर्ग-नरक रहे—
मैं शायद कलियुग की बीट थी धर्मगुरु !

तुम्हारी गरज से उठी धर्म की जयकार से
मेरे से बिल्कुल उड़ गया है कुफ्र का कोहरा
मुझ मुई का अब कोई अपना सच न दिखेगा
मैं तेरे सच को ही एकमात्र सच माना करूँगी…
मैं औरत बिचारी तेरे जाँबाज शिष्यों के सामने हूँ भी क्या
किसी भी उम्र में तेरी तलवार से कम खूबसूरत रही हूँ
किसी भी रौ में तुम्हारे जलाल से फीकी रही हूँ
मैं तो थी ही नहीं
बस तुम ही तुम हो धर्मगुरु !

मेरा एक ही बेटा है धर्मगुरु !
वैसे अगर सात भी होते
वे तुम्हारा कुछ न कर सकते थे
तेरे बारूद में ईश्वरीय सुगंध है
तेरा बारूद रातों को रौनक बाँटता है
तेरा बारूद रास्ता भटकों को दिशा देता है
मैं तुम्हारी आस्तिक गोली को अर्घ्य दिया करूँगी

मेरा एक ही बेटा है धर्मगुरु !
और आदमी बेचारा सिर पर रहा नहीं ।

—हस्तलिखित पत्रिका 'हाक' के अंक-17 से

बेदखली के लिए विनयपत्र

मैंने उम्र-भर उसके खिलाफ सोचा और लिखा है
अगर उसके अफसोस में पूरा देश ही शामिल है
तो इस देश से मेरा नाम खारिज कर दें

मैं खूब जानता हूँ नीले सागरों तक फैले हुए
इस खेतों, खानों, भट्ठों के भारत को—
वह ठीक इसी का साधारण-सा एक कोना था
जहाँ पहली बार
जब दिहाड़ी मजदूर पर उठा थप्पड़ मरोड़ा गया
किसी के खुरदरे बेनाम हाथों में
ठीक वही वक्त था
जब इस कत्ल की साजिश रची गई
कोई भी पुलिस नहीं खोज पाएगी इस साजिश की जगह
क्योंकि ट्यूबें सिर्फ राजधानी में जगमगाती हैं
और खेतों, खानों व भट्ठों का भारत बहुत अँधेरा है

और ठीक इसी सर्द अँधेरे में होश सँभालने पर
जीने के साथ-साथ
पहली बार जब इस जीवन के बारे में सोचना शुरू किया
मैंने खुद को इस कत्ल की साजिश में शामिल पाया
जब भी वीभत्स शोर का खुरा खोज मिटाकर
मैंने टर्राते हुए टिड्डे को ढूँढना चाहा
अपनी पूरी दुनिया को शामिल देखा है

मैंने हमेशा ही उसे कत्ल किया है
हर परिचित की छाती में ढूँढकर
अगर उसके कातिलों को इस तरह सड़कों पर देखा जाना है
तो मुझे भी मिले बनती सजा
मैं नहीं चाहता कि सिर्फ इस आधार पर बचता रहूँ
कि भजनलाल बिशनोई को मेरा पता मालूम नहीं

इसका जो भी नाम है—गुंडों की सल्तनत का
मैं इसका नागरिक होने पर थूकता हूँ
मैं उस पायलट की
चालाक आँखों में चुभता भारत हूँ
हाँ, मैं भारत हूँ चुभता हुआ उसकी आँखों में
अगर उसका अपना कोई खानदानी भारत है
तो मेरा नाम उसमें से अभी खारिज कर दो।

—'समता' (पंजाबी) जनवरी 1985 में प्रथम प्रकाशित

सबसे खतरनाक

मेहनत की लूट सबसे खतरनाक नहीं होती
पुलिस की मार सबसे खतरनाक नहीं होती
गद्दारी-लोभ की मुट्ठी सबसे खतरनाक नहीं होती

बैठे-बिठाए पकड़े जाना—बुरा तो है
सहमी-सी चुप में जकड़े जाना—बुरा तो है
पर सबसे खतरनाक नहीं होता

कपट के शोर में
सही होते हुए भी दब जाना—बुरा तो है
किसी जुगनू की लौ में पढ़ना—बुरा तो है
मुट्ठियाँ भींचकर बस वक्त निकाल लेना—बुरा तो है
सबसे खतरनाक नहीं होता

सबसे खतरनाक होता है
मुर्दा शांति से भर जाना
न होना तड़प का सब सहन कर जाना
घर से निकलना काम पर
और काम से लौटकर घर जाना
सबसे खतरनाक होता है
हमारे सपनों का मर जाना

सबसे खतरनाक वह घड़ी होती है
आपकी कलाई पर चलती हुई भी जो
आपकी निगाह में रुकी होती है

सबसे खतरनाक वह आँख होती है
जो सबकुछ देखती हुई भी जमी बर्फ होती है
जिसकी नजर दुनिया को मुहब्बत से चूमना भूल जाती है
जो चीजों से उठती अंधेपन की भाप पर ढुलक जाती है
जो रोजमर्रा के क्रम को पीती हुई
एक लक्ष्यहीन दुहराव के उलटफेर में खो जाती है

सबसे खतरनाक वह चाँद होता है
जो हर हत्याकांड के बाद
वीरान हुए आँगनों में चढ़ता है
पर आपकी आँखों को मिर्चों की तरह नहीं गड़ता है

सबसे खतरनाक वह गीत होता है
आपके कानों तक पहुँचने के लिए
जो मरसिए पढ़ता है
आतंकित लोगों के दरवाजों पर
जो गुंडे की तरह अकड़ता है

सबसे खतरनाक वह दिशा होती है
जिसमें आत्मा का सूरज डूब जाए
और उसकी मुर्दा धूप का कोई टुकड़ा
आपके जिस्म के पूरब में चुभ जाए

मेहनत की लूट सबसे खतरनाक नहीं होती
पुलिस की मार सबसे खतरनाक नहीं होती
गद्दारी-लोभ की मुट्ठी सबसे खतरनाक नहीं होती ।

संभवतः अपूर्ण रह गई एक लंबी कविता का अंश

• • •